Der Jahrzehnte-Test

Die 80er-Jahre

MOEWIG

Copyright © edel entertainment GmbH, Hamburg
www.moewig.de

Konzept und Realisation: Print & Screen Productions, Köln
Texte: Alexander Kerkhoffs,
          Markus Wallenborn, Gerda Bergs
Layout, Satz und Bildredaktion: Sonja Kerkhoffs

Originalausgabe
Alle Rechte vorbehalten
Umschlagabbildung:
          Corbis, Stapleton Collection, Düsseldorf

Printed in Germany
ISBN 978-3-927801-40-0

Inhalt

Einleitung: Die 80er-Jahre

Die 80er-Jahre waren ein unglaublich bewegendes Jahrzehnt: Eigentlich hat wohl kaum noch jemand mit der Wiedervereinigung gerechnet, als die Mauer am 9. November 1989 geöffnet wurde. Einen kurzen Moment nur waren die Deutschen das glücklichste Volk der Welt. Doch was viele nicht öffentlichkeitsscheue Deutsche eigentlich bewegt, davon kann man sich seit den 80ern dank Privatfernsehen ein breites Bild machen: Fast jeder Unflat erhält hier ein Forum. Doch es gab auch Kati Witt, Kristin Otto, Boris Becker und Steffi Graf, Helmut Kohl, Margaret Thatcher, Ronald Reagan und Michail Gorbatschow. Und es gab Tschernobyl, Ramstein und den Weinskandal. Und das sind nur einige von zahlreichen Ereignissen und Personen, denen Sie in diesem Buch anhand von Fragen nachspüren können, einzelne Bruchstücke, die sich wie bei einem Riesenpuzzle zu einem großen Panorama vereinen.

Testen Sie Ihr Wissen über die 80er-Jahre in den Bereichen Politik und Gesellschaft, Unterhaltung, Kunst und Kultur, Sport sowie in der Zeitzeichen genannten Rubrik, in der Fragen zu den Themen Mode, Design, Technik und Konsum zusammengefasst sind. Frischen Sie dabei Erinnerungen auf, oder lernen Sie auf unterhaltsame Weise viel Wesentliches, aber auch manch Kurioses oder einfach nur Zeittypisches kennen.

Mit dem Jahrzehntetest kann man auf viele Arten Spaß haben. Am unterhaltsamsten ist es, wenn Sie ihn mit Freunden spielen, indem Sie sich die Fragen reihum vorlesen. Ob Sie dabei der Reihenfolge nach, thematisch oder unsystematisch vorgehen, ist Ihnen freigestellt. Natürlich können Sie das Buch auch alleine lesen, von vorne nach hinten oder kreuz und quer.

Das Besondere an diesem Quizbuch sind die ausführlichen Antworten, die teils weiterführende Erläuterungen bieten oder auch auf mehrere oder alle Antwortalternativen eingehen. Wer mag, kann aus diesen Alternativen selber weitere Zusatzfragen entwickeln. Außerdem können auch die informationsreichen Antworten genutzt werden, um auf der Grundlage der darin enthaltenen Fakten weitere Fragen zu stellen – dazu muss der Frager die Antwort freilich erst still für sich lesen und darf seinen Mitspielern nur das für die Beantwortung Wesentliche mitteilen. Und auch die Abbildungen sind ein Teil des Jahrzehntetests. Manches Motiv werden Sie auf Anhieb erkennen, bei anderen werden Sie rätseln, was oder wer auf dem Bild zu sehen ist. Die Antworten finden Sie im Abbildungsverzeichnis am Ende des Buches.

Und nun viel Spaß beim Spielen, Lernen und Erinnern.

Politik & Gesellschaft

Politik in den 80ern

… das war ein Kanzler ohne Rückhalt in der eigenen Partei und ein neuer Kanzler, dem die »Gnade der späten Geburt« zuteil geworden war. Die Geschichte des Dritten Reichs wirkte dennoch fort, noch lebten viele Opfer – und viele Täter, die nicht zur Verantwortung gezogen worden waren. Es gab symbolische Versöhnungsgesten auf Schlachtfeldern, auf Friedhöfen, und den Willen, Europa stark zu machen, um die nationalistischen Geister allerorten zu bannen. Politik in den 80ern, das waren hier ein ehemaliger Schauspieler als Präsident und dort viele zu alte Männer an der Macht, die kurz nacheinander starben, bis einer kam, der mit zwei Zauberworten die verkrustete Gesellschaft modernisieren wollte. Es wehte ein Geist der Veränderung von Osten, der die alten Machthaber in Ost-Berlin erschreckte. Die Prophezeiung erfüllte sich: Sie wurden vom Leben bestraft, vom unaufhaltsamen Gang der Ereignisse. Der Arbeiter- und Bauernstaat DDR, der seine Bürger einsperren musste, damit sie blieben, aus dem dennoch immer mehr flüchteten, war schließlich gezwungen, die Mauer zu öffnen. Dass dies friedlich vonstatten ging, war ein Wunder. Wahnsinn!

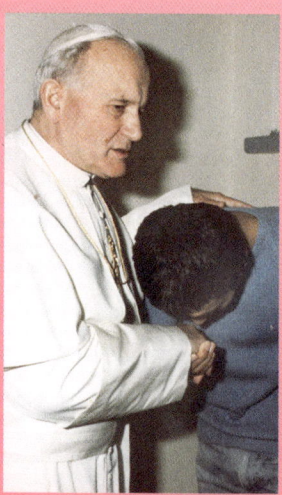

5 **Wer deckte den Skandal um die Neue Heimat auf?**
Rudolf Augstein
John Siegfried Mehnert
Albert Vietor
Heinz Oskar Vetter

6 **Am 29. Juli 1981 heiratete der englische Thronfolger, Prinz Charles, die 13 Jahre jüngere Diana Frances Spencer. Welchen Beruf übte sie aus, bevor sie die Prinzessin von Wales wurde?**
Krankenschwester
Kindergärtnerin
Kunstturnerin
Kosmetikerin

7 **Wie hieß der westdeutsche DDR-Spion, der sich 1985 nach Ostdeutschland absetzte?**
Markus Wolf
Hansjoachim Tiedge
Reiner Pfeiffer
Klaus Croissant

8 **Wem wollte der Attentäter imponieren, der am 30. März 1980 auf den amerikanischen Präsidenten Ronald Reagan schoss?**
Jodie Foster
Julia Roberts
seiner Mutter
Kim Basinger

5 Der Pressesprecher des gewerkschaftseigenen Wohnungsbaukonzerns Neue Heimat, John Siegfried Mehnert, war nach vierjähriger Anstellung geschasst worden und begann aus Wut und aufgrund von Gerüchten, sich seine Ex-Bosse näher anzusehen. Er hatte immer noch Zugang zur NH-Zentrale und entdeckte in einem Vorstandsbüro Dokumente, die belegten, dass die Führung des DGB-Unternehmens im großen Stil in die eigene Tasche wirtschaftete. Die brisanten Informationen leitete Mehnert an Spiegel-Herausgeber Rudolf Augstein weiter, der Anfang Februar 1982 einen veritablen Skandal präsentieren konnte.

6 Die in Deutschland auch nach ihrer Hochzeit noch unkorrekterweise »Lady Di« genannte Prinzessin arbeitete vor ihrer Hochzeit als Erzieherin im *Young England Kindergarten* im Londoner Stadtteil Pimlico. Ihren späteren Ehemann Charles lernte sie 1977 kennen, die Verlobung wurde offiziell am 24. Februar 1981 bekannt gegeben. Die Prunkhochzeit in der Londoner St. Paul's Cathedral war eines der größten Medienereignisse des Jahrzehnts: Weltweit verfolgten mehr als 750 Millionen Fernsehzuschauer die Zeremonie.

7 Am 23. August 1985 gab die ostdeutsche Nachrichtenagentur ADN bekannt, dass der westdeutsche Verfassungsschützer Hansjoachim Tiedge sich vier Tage zuvor aus persönlichen Gründen in die DDR abgesetzt habe. Der seit 1966 beim Kölner Bundesamt für Verfassungsschutz arbeitende Tiedge war mit der Abwehr der DDR-Spionage betraut. Diese Aufgabe erfüllte er eher schlecht als recht, denn der Ostspitzel unterrichtete die DDR über Aktivitäten der Westspionage und verriet westdeutsche Agenten. Tiedges ehemaliger Chef Heribert Hellenbroich, der kurz zuvor zum BND-Präsidenten ernannt worden war, musste wegen der Spionageaffäre zurücktreten.

8 John Hinckley jr. beging sein Attentat, um die Schauspielerin Jodie Foster auf sich aufmerksam zu machen. Er war durch den Film *Taxi Driver*, in dem Robert de Niro einen Vietnamveteranen mimt, der den Mord an einem Präsidentschaftskandidaten plant und gleichzeitig der von Foster dargestellten Figur das Leben rettet, dazu animiert worden, der Angebeteten durch einen Anschlag auf den US-Präsidenten zu imponieren. Bei seinem Attentatsversuch verletzte Hinckley neben Reagan noch drei weitere Menschen. Nach dem Ende seines Prozess wurde er 1982 in eine psychiatrische Klinik eingewiesen.

9 **Was besorgte die Verteidigerin des Auftragskillers Werner Pinzner heimlich für ihren Mandanten?**

Heroin

Feile

Pistole

Sprengstoff

10 **Der Staatschef welchen Landes kam im Oktober 1981 bei einem Attentat ums Leben?**

Israel

Libanon

Ägypten

Jordanien

11 **Welcher Politiker überlebte am 31. Mai 1987 einen Flugzeugabsturz?**

Franz Josef Strauß

Jürgen Möllemann

Heiner Geißler

Uwe Barschel

12 **Warum sank 1985 die *Rainbow Warrior*?**

Sie kollidierte mit einem Walfangboot.

Sie fiel einem Anschlag des französischen Geheimdienstes zum Opfer.

Sie kollidierte mit einem Eisberg.

Sie lief auf ein Riff auf.

9 Werner »Mucki« Pinzner gestand nach seiner Festnahme, im Auftrag einer Kiez-Größe aus St. Pauli fünf Morde begangen zu haben. Er wollte noch weitere Taten gestehen und andere Zuhälter belasten. Da er wusste, dass dies ihn dies das Leben kosten würde, entschied er sich für den selbstinszenierten Freitod, den großen Abgang. Nach einem ersten missglückten Selbstmordversuch überredete Pinzner seine Anwältin, ihm eine Waffe zu besorgen, die seine Frau mit ihrer Hilfe am 29. Juli 1986 ins Hamburger Polizeipräsidium schmuggelte. Pinzner erschoss damit während seiner Vernehmung zunächst Staatsanwalt Wolfgang Bistry, dann seine Frau und zuletzt sich selbst.

10 Am 6. Oktober 1981 wurde der ägyptische Staatspräsident Mohammed Anwar as-Sadat bei einer Militärparade von einem islamistischen Armeeangehörigen erschossen. Die Islamisten hatten es Sadat nicht verziehen, dass er im Zuge des von Jimmy Carter initiierten Friedensabkommens von Camp David als erster arabischer Staatsmann Israels Existenzrecht anerkannt und damit den Aussöhnungsprozess zwischen beiden Nationen auf den Weg gebracht hatte. An Sadats Begräbnis nahm kein einziger Staatchef der sogenannten arabischen Bruderstaaten teil.

11 Der schleswig-holsteinische Ministerpräsident Uwe Barschel befand sich auf dem Rückweg von einem Treffen mit Bundeskanzler Helmut Kohl in Bonn, als die Cessna 501, die ihn heimbrachte, beim Landeanflug in Lübeck-Blankensee gegen 23 Uhr einen Funkmast streifte, am Boden zerschellte und Feuer fing. Die Piloten kamen ums Leben, ein Barschel begleitender Sicherheitsbeamter erlitt lebensgefährliche Verletzungen, während der Politiker den Absturz mit einem Kreuzbeinbruch, Prellungen und Blutergüssen fast unverletzt überlebte.

12 Das Greenpeace-Schiff *Rainbow Warrior* machte sich auf den Weg in den Südpazifik, um vor dem Muroroa-Atoll gegen französische Atomtests zu protestieren, die dort stattfinden sollten. Als das Schiff am 10. Juli 1985 aus dem Hafen von Auckland, Neuseeland, auslief, wurde es von Agenten des französischen Geheimdiensts versenkt. Zwei Sprengsätze detonierten an der Außenwand des Schiffes und brachten es zum Sinken. Der Greenpeace-Fotograf Fernando Perreira wurde bei diesem Anschlag getötet.

13 Woher stammte der Mann, der 1981 ein Attentat auf Papst Johannes Paul II. verübte?

UdSSR
Bulgarien
Türkei
Libyen

14 Wodurch wurde Marianne Bachmeier 1981 schlagartig bekannt?

Sie ohrfeigte jemanden.
Sie überfiel jemanden.
Sie erschoss jemanden.
Sie heiratete jemanden.

15 Wie nennt man die Revolution, die im Herbst 1989 in der Tschechoslowakei stattfand?

Nelkenrevolution
Orange Revolution
Samtene Revolution
Novemberrevolution

16 Wer ging als Turnschuhminister in die Geschichte ein?

Joschka Fischer
Michael Vesper
Daniel Cohn-Bendit
Holger Börner

13 Während einer Generalaudienz auf dem Petersplatz in Rom wurde am 13. Mai 1981 ein Attentat auf Papst Johannes Paul II. verübt. Der muslimische türkische Ultranationalist Mehmet Ali Ağca schoss mehrfach auf den Papst und verletzte ihn dabei schwer. Der Papst überlebte eine fast fünfstündige Operation. Der bereits wegen Mordes an einem Journalisten gesuchte Ağca konnte gefasst werden. Der Papst vergab ihm bereits kurz nach dem Attentat und besuchte ihn später im Gefängnis. Hinter dem Attentat werden der russische Geheimdienst als Auftraggeber und der bulgarische als vorbereitende Organisation vermutet.

14 Am 6. März 1981 erschoss Marianne Bachmeier den mutmaßlichen Mörder ihrer siebenjährigen Tochter vor den Augen aller Anwesenden im Gerichtssaal. Acht Mal konnte sie auf den Angeklagten feuern, bevor es den Sicherheitskräften gelang, sie zu entwaffnen. Der Fall löste eine breite Debatte um das Thema Selbstjustiz aus. Nachdem die Anklage wegen Mordes fallengelassen worden war, verurteilte das Landgericht Lübeck Marianne Bachmeier am 2. März 1983 wegen Totschlags und unerlaubten Waffenbesitzes zu einer sechsjährigen Freiheitsstrafe. Sie wurde allerdings bereits nach drei Jahren vorzeitig entlassen.

15 Die Revolution in der Tschechoslowakei wurde Samtene Revolution genannt, weil sie binnen kurzer Zeit und nahezu gewaltfrei zum Erfolg führte. Die kommunistische Staatsführung trat infolge anhaltender Massenproteste am 24. November 1989 zurück, nachdem sich eine Volkserhebung abzeichnete. Als Novemberrevolution ist die erzwungene Abdankung Kaiser Wilhelms II. und die folgende Umwandlung der Monarchie in eine parlamentarische Demokratie bekannt. Die Nelkenrevolution fand 1974 in Portugal statt, die orangene 2004 in der Ukraine.

16 Zu seiner Vereidigung als Umweltminister am 12. Dezember 1985 erschien Joschka Fischer in Turnschuhen im hessischen Landtag. Zwar trug er ein Jackett, aber außerdem Jeans und keine Krawatte. Mit dieser legeren Garderobe provozierte der frühere Sponti, Steinewerfer und Taxifahrer die Opposition. Hessens Ministerpräsident Holger Börner vereidigte ihn dennoch als ersten grünen Minister. Als amtierender Außenminister und Vizekanzler verabschiedete sich Fischer von 1998 bis 2005 von seinem Freizeit-Look: Nun bevorzugte er elegantes Schuhwerk und Maßanzüge, dem jeweiligen Körperumfang angepasst.

17 In den 80er-Jahren unterstützten die USA illegalerweise die Opposition in
Nicaragua. Aus dem Waffenhandel mit welchem Land stammten die Gelder, die
in diese Unterstützung flossen?
Afghanistan
Irak
Iran
Libyen

18 Wer war der/die erste deutsche Umweltminister/in?
Klaus Töpfer
Joschka Fischer
Angela Merkel
Walter Wallmann

19 In welcher polnischen Stadt wurde die polnische Gewerkschaft Solidarność
gegründet?
Warschau
Krakau
Danzig
Kattowitz

20 Wann fand in den 80er-Jahren die umstrittene Volkszählung statt?
1983
1985
1987
1989

17 Die Reagan-Administration verkaufte heimlich Waffen an den Iran, der sich im Krieg mit dem Irak befand. Dass die in dem Konflikt angeblich neutralen USA ausgerechnet das Khomeini-Regime in Teheran unterstützten, das amerikanische Botschaftsangehörige 444 Tage lang als Geiseln gehalten hatte, war per se ein Skandal. Dass man die Erlöse aus den Waffenverkäufen zur Unterstützung der rechtsgerichteten Contra-Rebellen in Nicaragua verwendete, obwohl eigens ein Gesetz erlassen worden war, um genau das zu verhindern, brachte die Regierung zusätzlich in Erklärungsnot – ebenso wie die Tatsache, dass die Contras mit Wissen der CIA mehrere Tonnen Kokain in die USA schmuggelten.

18 Das Ministerium für Umwelt, Naturschutz und Reaktorsicherheit wurde als Reaktion auf das schwere Reaktorunglück im ukrainischen Tschernobyl ins Leben gerufen, bei dem im Frühjahr 1986 große Mengen radioaktiven Staubs mit dem Wind bis nach Westeuropa gelangt waren. Für knapp ein Jahr war Walter Wallmann erster deutscher Umweltminister. Wegen seiner Wahl zum hessischen Ministerpräsidenten gab er das Amt im Mai 1987 an seinen Nachfolger Klaus Töpfer ab, dessen Nachfolgerin wiederum Angela Merkel wurde.

19 Geburtsort und Aktivitätszentrum des 1980 gegründeten unabhängigen polnischen Gewerkschaftsverbands Solidarność war die Lenin-Werft in Danzig. Die Gewerkschaft entstand infolge einer landesweiten Streikbewegung gegen die Lebensmittelknappheit und die Preiserhöhungen für Fleisch. Ab dem 14. August 1980 wurde auf der Danziger Werft gestreikt, Anführer der Streikenden war der Danziger Werftarbeiter Lech Walesa, der die Verhandlungen führte und mit Gründung der Solidarność am 17. September desselben Jahres deren Vorsitzender wurde. Die Solidarność hatte rasch zehn Millionen Mitglieder, aber im Zuge der Verhängung des Kriegsrechts Ende 1981 wurde sie verboten.

20 Weil die letzte Volkszählung in der BRD 1950 stattgefunden hatte, war ursprünglich für 1981 eine neue geplant worden. Da sich die Bevölkerung von der Anzahl und der Zusammensetzung her während dieser Zeit enorm verändert hatte, war für eine neue Erhebung vor allem ins Feld geführt worden, dass aktuelles Datenmaterial zur Anpassung der Infrastruktur und der sozialen Versorgung notwendig sei. Das Vorhaben wurde zunächst auf 1983 verschoben. Durch Klagen gelang es, die Volkszählung bis 1987 hinauszuschieben.

21 Welcher Politiker gab am Abend des 9. November 1989 durch eine überraschende
Mitteilung auf einer live übertragenen Pressekonferenz den Anstoß zum Mauerfall?

Erich Mielke
Günter Schabowski
Hans Modrow
Günter Mittag

22 Wie lange dauerte der Erste Golfkrieg?

4 Jahre
6 Jahre
8 Jahre
10 Jahre

23 Von wem stammt der Satz: »Helmut Schmidt spricht weiter von Pflichtgefühl,
Berechenbarkeit, Machbarkeit, Standhaftigkeit. Das sind Sekundärtugenden.
Ganz präzis gesagt: Damit kann man auch ein KZ betreiben.«

Helmut Kohl
Oskar Lafontaine
Otto Schily
Daniel Cohn-Bendit

24 Welcher Sammelleidenschaft frönte Imelda Marcos, die Ehefrau des 1986
abgesetzten Philippinischen Präsidenten?

Sie sammelte Schuhe.
Sie sammelte Handtaschen.
Sie sammelte Lippenstifte.
Sie sammelte Hüte.

21 Das Politbüro-Mitglied Günter Schabowski verlas wie beiläufig vor laufenden Kameras neue Regelungen bezüglich Reisen zwischen den beiden deutschen Staaten. Er sagte u. a.: »Privatreisen nach dem Ausland können ohne Vorliegen von Voraussetzungen beantragt werden. Die Genehmigungen werden kurzfristig erteilt. [...] Ständige Ausreisen können über alle Grenzübergangsstellen der DDR zur BRD erfolgen.« Auf Nachfrage erklärte Schabowski, dass die neuen Bestimmungen ab sofort gültig seien. Daraufhin machten sich Zigtausende Ost-Berliner zu den Berliner Grenzübergängen auf und forderten von den vollkommen ahnungslosen Grenzsoldaten die Öffnung der Mauer. Was dann auch geschah.

22 Nach einigen kleineren Provokationen und Grenzgefechten begann der eigentliche Krieg der Nachbarstaaten Irak und Iran mit dem irakischen Luftangriff auf mehrere iranische Flughäfen am 22. September 1980 und dem Einfall der irakischen Armee in den Iran. Vordergründig befehdeten sich die beiden Staaten wegen Grenzziehungsstreitigkeiten, in Wahrheit ging es jedoch um die Vorherrschaft am Golf. Nach achtjähriger kriegerischer Auseinandersetzung trat am 20. August 1988 der Waffenstillstand in Kraft. Die Staatsgrenzen waren am Ende unverändert, aber der Krieg, der fast eine Million Opfer gefordert hatte, hatte beide Staaten an den Rand des Ruins getrieben.

23 Der damalige Landesvorsitzende der Saarländischen SPD und Oberbürgermeister von Saarbrücken, Oskar Lafontaine, äußerte sich am 15. Juli 1982 entsprechend im Stern und griff damit seinen vermutlich prominentesten Parteikollegen, Bundeskanzler Helmut Schmidt, im Rahmen der Diskussion um den NATO-Doppelbeschluss scharf an. Schmidt befürwortete die Stationierung amerikanischer Pershing-II-Raketen auf deutschem Boden als Zeichen der Stärke gegenüber den Bündnisstaaten des Warschauer Pakts.

24 Die Frau von Ferdinand Marcos hatte ein geradezu manisches Faible für Schuhe. Als sie mit ihrem Mann ins Exil ging, ließ sie rund 2000 Paar zurück. Nach Marcos' Tod kehrte die ehemalige philippinische Schönheitskönigin in ihre Heimat zurück und kandidierte zweimal erfolglos für das Präsidentenamt. Sie besteht bis heute vergeblich auf der Beisetzung ihres Mannes im *National Heroes Cemetery*, wo bislang alle Präsidenten der Philippinen bestattet wurden. Bislang wurde dem Diktator Marcos diese letzte Ruhestätte verweigert.

25 **Wessen Jubiläumsjahr stellte den Anlass für den ersten Deutschlandbesuch von Papst Johannes Paul II. dar?**
Albertus Magnus
Martin Luther
Hildegard von Bingen
Nikolaus von Kues

26 **Am 3. und 4. Juni 1989 wurden beim sogenannten Tian'anmen-Massaker Demonstrationen in der Innenstadt von Peking durch das chinesische Militär gewaltsam aufgelöst. Wer hatte den Platz des himmlischen Friedens monatelang besetzt und mehr Demokratie gefordert?**
Bauern
Bergleute
Studenten
Arbeiter

27 **Was wurde dem damaligen stellvertretenden NATO-Oberbefehlshaber Günter Kießling vorgeworfen, weshalb er vorzeitig in den Ruhestand entlassen wurde?**
Affäre mit Petra Kelly
illegale Waffengeschäfte
angebliche Homosexualität
Steuerhinterziehung

28 **Auf welcher Großveranstaltung verübte 1980 ein Rechtsradikaler in Deutschland einen Bombenanschlag?**
Kölner Rosenmontagszug
Stuttgarter Wasn
Nürnberger Christkindlmarkt
Münchner Oktoberfest

29 Kurz nach ihrem Auslaufen aus dem Hafen von Brügge-Zeebrügge kenterte das im Liniendienst der Reederei Townsend Thoresen fahrende Fährschiff *Herald of Free Enterprise* und zog etwa 193 Menschen mit in den Tod. Weil die Bugklappen nicht geschlossen worden waren, hatte Wasser ins Schiff eindringen können, woraufhin es innerhalb weniger Minuten kenterte. Da das Schiff auf eine Sandbank lief und auf der Backbord-Seite liegen blieb, Mannschaft und Passagiere besonnen handelten und die Rettungskräfte binnen 19 Minuten am Unglücksort waren, konnten glücklicherweise über 400 Menschen gerettet werden.

30 Aus Anlass des Deutschlandbesuchs von Ronald Reagan, der zusammen mit Helmut Schmidt in Bonn an einem NATO-Gipfel teilnahm, demonstrierten über 400 000 Menschen unter Beteiligung zahlreicher Künstler und Intellektueller bei einer Großkundgebung im Hofgarten der damaligen Hauptstadt gegen den NATO-Doppelbeschluss, der die Stationierung nuklearer Mittelstreckenraketen in Europa vorsah. Diesem Massenprotest setzte die kölsche Rockgruppe BAP mit ihrem Lied *Zehnter Juni* ein musikalisches Denkmal.

31 Nicolae Ceaușescu ließ sich 1974 zum Präsidenten wählen. Mit Hilfe des berüchtigten Geheimdienstes Securitate sicherte er seine totalitäre Herrschaft und verordnete Rumänien einen zunehmend bizarren Personenkult: Er ließ sich selbst Beinamen wie »Genie der Karpaten« geben. Nachdem sein Versuch, Proteste gegen die Regierung gewaltsam niederzuschlagen, gescheitert war, weigerte sich die Armee, wie die Geheimpolizei auf Zivilisten zu schießen, und wandte sich gegen Ceaușescu. Der Präsident und seine Frau Elena wurden beim Versuch, außer Landes zu fliehen, verhaftet und am 25. Dezember erschossen.

32 Benjamin Franklin erwog 1784 zwar als Erster die Möglichkeit einer Zeitumstellung, allerdings schrieb er eher scherzhaft darüber. 1907 beschäftigte sich der Brite William Willett eingehend mit der Idee, doch konnte er seine Regierung nicht von deren Vorteilen überzeugen. 1916 wurde in Deutschland, Österreich und Irland erstmals die Zeit umgestellt. In Deutschland erfolgte die Umstellung bis 1918, dann wieder von 1939 bis 1945. In den Nachkriegsjahren bis 1949 gab es in den verschiedenen Besatzungszonen unterschiedliche Zeiten. Von 1950 bis 1979 wurde die Zeit nicht umgestellt, bis 1980 wieder die Sommerzeit eingeführt wurde.

Politik & Gesellschaft

37 **Wer wurde der Nachfolger von Erich Honecker, als dieser am 18. Oktober 1989 vom Politbüro zum Rücktritt gedrängt wurde?**

Günter Mittag

Egon Krenz

Erich Mielke

Hans Modrow

38 **Wer sagte angesichts des bevorstehenden Falkland-Krieges zwischen Großbritannien und Argentinien 1982, er könne nicht verstehen, warum sich zwei Staaten »um ein paar eisige Felsen« streiten?**

Helmut Kohl

Ronald Reagan

François Mitterrand

Leonid Iljitsch Breschnew

39 **Wie hieß der Arzt, der Mitte der 80er-Jahre wegen seines Engagements für die Sterbehilfe sehr umstritten war?**

Dr. Julius Hackethal

Dr. Manfred Köhnlechner

Prof. Dr. Klaus Brinkmann

Dr. Hans-Wilhelm Müller-Wohlfahrt

40 **Worüber verhandelten die Führer der beiden Supermächte USA und UdSSR 1986 in Reykjavik?**

Rüstungsbegrenzung

Agentenaustausch

Wiedervereinigung Deutschlands

Abrüstung

37 Als Erich Honecker am 18. Oktober 1989 unter dem Druck der öffentlichen Proteste von allen Ämtern zurücktreten musste, übernahm Egon Krenz die Nachfolge als SED-Generalsekretär und Staatsratsvorsitzender der DDR. Am 9. November fiel die Mauer, und die innerdeutsche Grenze wurde geöffnet. Am 17. November wählte die Volkskammer Hans Modrow zum Vorsitzenden des Ministerrates. Honecker wurde am 3. Dezember aus der SED ausgeschlossen. Wegen seiner Krebserkrankung wurde der Prozess gegen ihn 1993 eingestellt. Krenz wurde zu sechseinhalb Jahren Haft verurteilt und 2003 vorzeitig entlassen.

38 Dieser Kommentar stammte von US-Präsident Ronald Reagan. Amerika befand sich im Vorfeld des Falkland-Krieges in der unangenehmen Lage, mit beiden potenziellen Kriegsparteien verbündet zu sein. Entsprechend erwarteten auch beide die Unterstützung der USA. Nach langen Überlegungen schlug sich Reagan auf die Seite Großbritanniens und dessen politischen Oberhaupts Premierministerin Margaret Thatcher, deren Militärstab den Krieg nach 72 Tagen mit der Rückeroberung der Inseln beendete.

39 Der 1921 geborene Julius Hackethal machte sich unter Kollegen nicht eben viele Freunde, als er 1963 seinem Chef in der Erlanger Klinik zahlreiche tödliche Kunstfehler öffentlich vorwarf und ihn sogar wegen Mordes anzeigte. Der Krebsspezialist machte sich nicht zuletzt durch einige populärwissenschaftliche Buchpublikationen einen Namen. 1984 wurde er angeklagt, einer Patientin mittels Zyankali zum Freitod verholfen zu haben. Hackethal, der öffentlich für die aktive Sterbehilfe eintrat und sich auch für die Deutsche Gesellschaft für Humanes Sterben engagierte, stand mehrfach in Sterbehilfeverfahren vor Gericht, verurteilt wurde er nie.

40 Nachdem sich Michail Gorbatschow und Ronald Reagan ohne konkrete Verhandlungsziele im November 1985 in Genf getroffen hatten, trafen sie sich im Oktober 1986 zu einem Gipfeltreffen in der isländischen Hauptstadt Reykjavik wieder, um erstmals konkret über die Abrüstung zu verhandeln, nachdem das Ziel bis dahin lediglich die Rüstungsbegrenzung gewesen war. Obwohl sie sich ohne Einigung wieder trennten, wird das Gespräch in Reykjavik als Auftakt zu den späteren erfolgreichen Abrüstungsvereinbarungen, wie dem INF-Vertrag von 1987, betrachtet.

Politik & Gesellschaft

41 **Wer war der Fälscher der berüchtigten Hitler-Tagebücher, die der Stern als angeblich authentische Dokumente von April 1983 an veröffentlichte?**

Joe Rosenthal

Michael Born

Konrad Kujau

Gerd Heidemann

42 **Wen exkommunizierte Papst Johannes Paul II. im Sommer 1988?**

Eugen Drewermann

Hans Küng

Marcel Lefebvre

Desmond Tutu

43 **Wer sprach am 18. Oktober 1984 im Deutschen Bundestag den denkwürdigen Satz: »Mit Verlaub, Herr Präsident, Sie sind ein Arschloch!«**

Jürgen W. Möllemann

Joschka Fischer

Franz Josef Strauß

Herbert Wehner

44 **Wer hatte das Kassenbuch des Flick-Konzerns geführt, das der Steuerfahndung Belege für einen veritablen Parteispendenskandal lieferte?**

Hans Friedrichs

Rudolf Diehl

Eberhard von Brauchitsch

Otto Graf von Lambsdorff

41 Die Fälschungen stammten von dem in Dresden geborenen Maler Konrad Kujau, der dem Stern insgesamt 62 Bände für über 9 Millionen D-Mark verkaufte. Schriftprobenvergleiche bestätigten die Authentizität der Tagebücher zunächst, weil auch die Vergleichsproben von Kujau erstellt worden waren. Am 28. April begann der Stern mit der Veröffentlichung. Bereits Anfang Mai ergaben Untersuchungen des verwendeten Papiers allerdings, dass es zu jung war, um tatsächlich von Hitler beschrieben worden zu sein. Kujau wurde zu viereinhalb Jahren Haft verurteilt, aber schon nach drei Jahren vorzeitig entlassen.

42 Johannes Paul II. exkommunizierte den 82-jährigen reaktionären Erzbischof Lefebvre, der sich allen modernen, liberalen Strömungen und vor allem den Beschlüssen des Zweiten Vatikanischen Konzils widersetzte. Aus Protest gegen die dort beschlossene Öffnung der katholischen Kirche hin zu anderen Glaubensrichtungen und der Abschaffung der in Latein gehaltenen Messe gründete Lefebvre 1965 die streng konservative Bruderschaft des Heiligen Pius X., die verbotenerweise Bischofsweihen vornahm.

43 Diese Worte sagte der Grüne Joschka Fischer zu dem Bundestagsvizepräsidenten Richard Stücklen. Stücklen hatte Fischers Parteikollegen Jürgen Reents zuvor für fünf Sitzungstage ausgeschlossen, weil er Bundeskanzler Helmut Kohl im Zusammenhang mit dessen erstem Spendenskandal, der sogenannten Flick-Affäre, als »von Flick freigekauft« bezeichnet hatte. Nachdem er seinem Ärger Luft gemacht hatte, musste allerdings auch Fischer eine Pause einlegen; er erhielt einen zweitägigen Strafverweis.

44 Im Zusammenhang mit Ermittlungen gegen den Flick-Konzern wegen illegaler Parteispenden fiel der Steuerfahndung 1981 ein Kassenbuch des Generalbuchhalters Rudolf Diehl in die Hände, das Bargeldzahlungen an Politiker aller seinerzeit im Bundestag vertretenen Parteien auswies. Dass auch der ehemalige Wirtschaftsminister Hans Friedrichs sowie sein amtierender Nachfolger Otto Graf von Lambsdorff – beide FDP – als Empfänger genannt waren, ließ den Verdacht der Bestechlichkeit von höchsten Regierungsbeamten aufkommen. Der mit der Lobbyarbeit betraute Flick-Manager Eberhard von Brauchitsch behauptete, es seien reine Parteispenden gewesen. Die drei Herren wurden wegen Steuerhinterziehung bzw. Beihilfe zur Steuerhinterziehung zu milden Strafen verurteilt.

45 Welche Frau wurde 1980 neben August Haußleiter und Norbert Mann dritte
Sprecherin des Bundesvorstands der Grünen?

Jutta Ditfurth

Petra Kelly

Bärbel Höhn

Marieluise Beck-Oberdorf

46 Wo beging der erst 1987 verurteilte Nazi-Folterknecht Klaus Barbie während des
Zweiten Weltkriegs seine grausamen Verbrechen?

Budapest

Warschau

Lyon

Amsterdam

47 Im Juli 1986 wird das Ministerium für Jugend, Familie und Gesundheit um
die Zuständigkeit für Frauenfragen erweitert. Wer wurde im Zuge dieser
Umgestaltung erste Frauenministerin auf Bundesebene?

Anke Fuchs

Rita Süssmuth

Sabine Leutheusser-Schnarrenberger

Claudia Nolte

48 Der Name welcher Stadt erinnert seit 1988 an einen brutalen Banküberfall mit
Geiselnahme?

Landshut

Ramstein

Gladbeck

Herborn

45 Die Friedensaktivistin Petra Kelly war eines der Gründungsmitglieder der Grünen. Gemeinsam mit zwei männlichen Parteimitgliedern wurde sie im März 1980 zur Parteisprecherin ernannt. Von 1983 bis 1990 war sie Mitglied des Deutschen Bundestags. Mehr und mehr nahm sie sich der Belange der tibetischen Bevölkerung, der australischen Ureinwohner und der nordamerikanischen Indianer an. Am 1. Oktober 1992 wurde Kelly von ihrem Lebensgefährten, dem Grünen-Politiker Gert Bastian, im Schlaf erschossen. Der Generalmajor a. D. nahm sich im Anschluss daran selbst das Leben.

46 Der 1913 in Bad Godesberg bei Bonn geborene Barbie war von 1942 bis 1944 Chef der Gestapo in der besetzten französischen Stadt Lyon. Durch unsagbare Grausamkeiten und Folterungen, die der Sadist teils selbst beging, teils anordnete, war Barbie als Henkersknecht berüchtigt. Er war für Tausende Deportationen und Hinrichtungen verantwortlich. Zur Rechenschaft gezogen wurde er aber erst 1987, als er 73-jährig in Frankreich zu lebenslanger Haft wegen Verbrechen gegen die Menschlichkeit verurteilt wurde. Er hatte nach dem Krieg untertauchen und sich später nach Bolivien absetzen können.

47 Seit September 1985 war Rita Süssmuth bereits Ministerin für Jugend, Familie und Gesundheit; im Juli 1986 wurde ihr Ressort um den Zuständigkeitsbereich Frauen erweitert. Süssmuth blieb bis 1988 im Amt und löste dann Philipp Jenninger an der Spitze des Bundestagspräsidiums ab. Bundeskanzler Helmut Kohl konnte auf diese Weise eine parteiinterne Kritikerin in ein wenig einflussreiches Amt wegloben. Bundestagspräsidentin blieb Süssmuth bis 1998, als die CDU/CSU-Fraktion nach den Bundestagswahlen ihren Status als stärkste Fraktion verlor.

48 Am 16. August 1988 nahmen zwei Bankräuber in einer Gladbecker Bankfiliale zwei Angestellte als Geiseln. Bei der zweitägigen Verfolgungsjagd mit mehreren Fahrzeug- und Geiselwechseln geriet nicht nur die Polizei durch taktische Fehler in die Kritik, auch und v. a. die Medien verhielten sich skandalös: So wurden in der Kölner Innenstadt Interviews mit Geiseln und Tätern geführt, und ein Express-Reporter lotste das Fluchtauto persönlich zur Autobahn. Erst am 18. August konnte die Polizei die Geiselnehmer in der Nähe von Bad Honnef stellen. Ihre Tat hatte insgesamt drei Todesopfer sowie zahlreiche Verletzte gefordert.

49 Am 11. November 1988 musste Philipp Jenninger als Bundestagspräsident
zurücktreten, weil er in seiner Rede zum 50. Jahrestag der sogenannten
Reichskristallnacht den Eindruck verständnisvoller Nähe zum Nationalsozialismus
hatte entstehen lassen. Wer übernahm im Jahr darauf den genauen Wortlaut
mehrerer Passagen der umstrittenen Rede für seinen eigenen Vortrag?

Alexander von Stahl

Hans Karl Filbinger

Ignatz Bubis

Heiner Geißler

50 Zu wessen Ermordung rief der iranische Staatschef Khomeini alle Muslime in der
Welt am 14. Februar 1988 auf?

Saddam Hussein

Salman Rushdie

Rudi Carrell

Ali Al-Sistani

51 Was war die Besonderheit bei der Wahl zum Bundespräsidenten am 23. Mai 1989?

Der unterlegene Bewerber wollte das Ergebnis nicht akzeptieren.

Einer der Bewerber war nicht persönlich anwesend.

Es gab mehrere Bewerber aus einer Partei.

Es gab nur einen Bewerber.

52 Welchem Staat vermittelte der bayerische Ministerpräsident 1983 einen
umstrittenen deutschen Kredit?

China

DDR

Paraguay

Südafrika

49 Der Vorsitzende des Zentralrats der Juden in Deutschland, Ignatz Bubis, bediente sich zum 51. Jahrestag der deutschen Judenpogrome zweimal wörtlicher Übernahmen aus Jenningers Rede über die Gründe des nationalsozialistischen Erfolges. Bubis zeigte damit, dass die Rede selbst in keiner Weise anstößig gewesen war. Jenninger war jedoch rhetorisch nicht in der Lage gewesen, die von ihm beschriebene nationalsozialistische Sichtweise als Zitat kenntlich zu machen und somit deutlich von seiner eigenen Meinung abzusetzen.

50 Weil der iranische Revolutionsführer Ayatollah Khomeini in dem Roman *Die satanischen Verse* Beleidigungen des Islam, des Propheten Mohammed und des Koran ausmachte, verhängte er eine Fatwa über den indisch-britischen Schriftsteller Salman Rushdie, mit der jeder Muslim aufgefordert wurde, den Autor zu töten. Zusätzlich wurde ein hohes Kopfgeld ausgesetzt. Die westliche Staatengemeinschaft zog gegenüber dem Iran keinerlei Konsequenzen. Rushdies japanischer Übersetzer wurde ermordet, andere Übersetzer und sein dänischer Verleger überlebten schwer verletzt oder entgingen nur knapp einem Mordanschlag. Rushdie lebte zehn Jahre lang an wechselnden geheimen Orten unter Polizeischutz.

51 Richard von Weizsäcker trat 1989 völlig konkurrenzlos zur Wiederwahl in das Amt des Bundespräsidenten an. Neben der SPD verzichteten diesmal auch die Grünen darauf, einen Gegenkandidaten vorzuschlagen. Weizsäcker, der seine CDU-Mitgliedschaft während seiner Amtszeit hatte ruhen und auch danach nie wieder hat aufleben lassen, hatte sich als sechster Bundespräsident der Republik parteiübergreifend Respekt erworben. Insbesondere seine Rede zum Jahrestag des Kriegsendes am 8. Mai 1985, in der er diesen ausdrücklich als »Tag der Befreiung« bezeichnete, war auf breite politische Zustimmung gestoßen.

52 Am 24. Juli war Franz Josef Strauß zu Gast beim DDR-Staatsratsvorsitzenden Erich Honecker auf Schloss Hubertusstock am Werbellinsee. Die beiden müssen sich wohl prächtig verstanden haben, obgleich die ideologischen Gräben zwischen ihnen nicht tiefer hätten sein können. Denn Strauß hatte für alle überraschend mit dem DDR-Unterhändler Alexander Schalck-Golodkowski einen Milliardenkredit für die klammen Kommunisten in Ostdeutschland eingefädelt, anstatt dem Kollaps des planwirtschaftlich misswirtschaftenden Staates seinen Lauf zu lassen. Umstritten war auch, dass keine Gegenleistungen gefordert wurden.

Unterhaltung

Unterhaltung in den 80ern

…das war die Zeit der großen Serien: *Dallas, Denver, Schwarzwaldklinik*, und überlebens-
fähig bis heute: *Die Lindenstraße*. Das war die TV-Revolution mit dem Privatfernsehen: wie
viele Sender, und wie gering die Auswahl. Das Fernsehen passte sich nun zum Teil seinen
Zuschauern an, das Wort vom Unterschichtenfernsehen fiel aber erst später. Nun wurde
auf der Alm gejodelt, was das Zeug hielt, und *Schulmädchen-* und *Hausfrauenreporte* wurden unablässig wiederholt, als könnten die Zuschauer nicht genug davon bekommen. Während die Volksmusik fröhliche Urständ feierte, wurde Popmusik fast nur noch als Clip vor-
geführt. Noch war Vinyl angesagt, ein neues Format: die Maxi-Single mit Extended-, Dub-
und Instrumental-Version. Doch während picklige Buben noch scratchten und Breakdance
übten wie ihre Vorbilder aus dem Fernsehen, hatte die CD bereits langsam begonnen, die
LP abzulösen.

1 **Wer spielte den »ewigen Stenz« in einer beliebten deutschen TV-Serie der 80er-Jahre?**
Helmut Fischer
Karl Obermayr
Beppo Brehm
Rolf Zacher

2 **Mit welchem Musikinstrument revanchierte sich Erich Honecker für die Rocker-Lederjacke, die er von Udo Lindenberg geschenkt bekam?**
Schalmei
Dudelsack
Querflöte
Balalaika

3 **Woran starb Romy Schneider?**
an den Folgen eines Autounfalls
an einer Überdosis Tabletten
an Herzversagen
durch einen Fenstersturz

4 **Wer machte sich kurz vor Sendeschluss in der ARD *Nachtgedanken*?**
Friedrich Nowottny
Hanns Joachim Friedrichs
Hans-Joachim Kulenkampff
Klaus Maria Brandauer

1 In der TV-Serie *Monaco Franze – Der ewige Stenz* spielt Helmut Fischer die Titelrolle. Monaco Franze heißt eigentlich Franz Münchinger und stellt als dandyhafter Casanova – oder eben Stenz – den Münchener Damen nach. Der Name »Monaco« geht übrigens auf den italienischen Namen für München zurück: *Monaco di Baviera*. Monacos Kumpel Manni Kopfeck, der wiederum alles andere ist als ein versierter Charmeur, wurde von Karl Obermayr gespielt. Das Buch zu der 1983 erstmals ausgestrahlten zehnteiligen Serie schrieb Patrick Süskind, Regie führte Helmut Dietl.

2 1983 erschien Lindenbergs *Sonderzug nach Pankow* auf der LP *Odyssee*. Lindenberg spricht Honecker darin direkt an und bittet um eine Auftrittserlaubnis in der DDR: »Ey, Honey, ich sing' für wenig Money im Republik-Palast, wenn ihr mich lasst.« Noch im gleichen Jahr konnte Lindenberg bei einer Friedensveranstaltung im Palast der Republik auftreten. Die geplante DDR-Tour des Sängers wurde wegen zu großer Bedenken der DDR-Funktionäre allerdings abgesagt. 1987 nahm Lindenberg Briefkontakt zu Honecker auf und ließ ihm eine Lederjacke zukommen. Honecker bedankte sich bei Lindenberg für das Präsent mit einer Schalmei, die er ihm schenkte. Durch die DDR ließ er ihn trotzdem nicht touren.

3 Romy Schneider, die Tochter von Magda Schneider und Wolf Albach-Retty, wurde in den 50er-Jahren durch die Sissi-Filme berühmt. Ende des Jahrzehnts floh sie vor dem Image, das ihr seit diesen Filmen anhaftete, nach Frankreich. 1982 starb die gerade 43-Jährige an Herzversagen. Die Presse vermutete zunächst einen Selbstmord, da die Schauspielerin in der Zeit zuvor zahlreiche Krisen durchlebt hatte: Ihre Ehe mit Daniel Biasini war 1981 geschieden worden, sie selbst hatte sich einer schweren Nierenoperation unterziehen müssen, und ihr 14-jähriger Sohn war bei einem Spielunfall gestorben.

4 Hans-Joachim Kulenkampff präsentierte zum ARD-Sendeschluss in der vom Hessischen Rundfunk zwischen 1985 und 1990 produzierten Sendung *Nachtgedanken* kurze literarische und philosophische Texte. Der stimmungsvolle Tagesausklang folgte immer demselben Ablauf: Zu Chopin-Klängen schlägt Kulenkampff eine Mappe auf, und nachdem er Titel und Autor genannt hat, beginnt er vorzulesen. Innerhalb der sechs Jahre hat der beliebte Moderator diese Prozedur nahezu 2000-mal absolviert.

Unterhaltung

5 Von wo aus zog der Privatsender RTL 1988 nach Köln?
Liechtenstein
Belgien
Niederlande
Luxemburg

6 Mit welchem Fernsehstar sang Falco das Duett *Kann es Liebe sein?*
Marijke Amado
Désirée Nosbusch
Iris Berben
Nastassja Kinski

7 Wer rühmte sich, Deutschlands schönsten Busen zu besitzen?
Ingrid Steeger
Sibylle Rauch
Dolly Dollar
Bea Fiedler

**8 Welcher Moderator beschwor am 15. Februar 1987 mit seiner
Unterhaltungssendung eine schwere diplomatische Krise herauf?**
Thomas Gottschalk
Harald Schmidt
Hans-Joachim Kuhlenkampff
Rudi Carrell

5 Einen Tag nachdem das Kabelfernsehen in Deutschland am 1. Januar 1984 als Pilotprojekt gestartet wurde, sendete das in Luxemburg beheimatete Rundfunk- und Fernsehunternehmen RTL *(Radio-Télé-Luxembourg)* unter dem Sendernamen RTLplus bereits ein deutschsprachiges Programm. Im Jahr 1988 zog der Sender dann nach Köln um. Neben Sat.1 bestimmte RTLplus das Geschehen auf dem Privatfernsehmarkt in den 80er-Jahren. Der Namenszusatz »plus« wird seit 1992 nicht mehr verwendet.

6 Nachdem Falco *Kann es Liebe sein* für seine zweite LP *Junge Römer* aus dem Jahr 1984 zunächst solo eingespielt hatte, nahm er den Song für die Single-Veröffentlichung noch einmal im Duett mit Désirée Nosbusch auf. Die 1965 im luxemburgischen Esch-sur-Alzette geborene Moderatorin und Schauspielerin begann bereits mit zwölf Jahren eine Karriere als Rundfunksprecherin bei Radio Luxemburg. Ab 1980 moderierte sie die Sendung *Hits von der Schulbank*, später dann *Musicbox*. Nicht nur als selbstbewusster, frecher Teeny sorgte sie für Furore, sondern v. a. auch durch einen minutenlangen Nacktauftritt in dem 1982 produzierten Film *Der Fan*.

7 Neben ihrer Ausbildung als Friseuse arbeitete die 1957 in Witten geborene Bea Fiedler als Fotomodell. Als sie 1977 vom Playboy zum Playmate des Monats Juni gekürt wurde, avancierte sie zur Sexbombe. Zahlreiche Rollen in Softpornos und etliche Auftritte in diversen *Eis-am-Stil*-Filmen folgten. Um sich von der Konkurrenz abzuheben, unterstrich sie ihre herausragende Rolle unter Deutschlands Nacktdarstellerinnen in Interviews mit dem Hinweis auf ihre unbestritten makellosen Brüste. Mit der Behauptung, Prinz Albert von Monaco sei der Vater ihres Sohnes, kam sie in den 90ern noch einmal in die Schlagzeilen.

8 In seiner Nachrichten-Parodie *Rudis Tagesshow* zeigte Rudi Carrell einen Bericht über den iranischen Revolutionsführer Ayatollah Khomeini, in dem mittels geschickter Montage der Eindruck erweckt wurde, der Gründer der Islamischen Republik wühle in Damenunterwäsche. Neben Morddrohungen gegen Rudi Carrell und der Stornierung mehrerer Flüge nach Teheran führte der sechssekündige Einspieler zur Ausweisung deutscher Diplomaten aus dem Iran sowie zur Schließung des dortigen Goethe-Instituts. Der Spot wurde bislang nie wieder ausgestrahlt.

Unterhaltung

9 Mit welchem Titel gewann Nicole 1982 erstmals den *Grand Prix Eurovision de la Chanson?*

Ein Herz für Kinder

Und dabei liebe ich euch beide

Ein bisschen Frieden

Flieg nicht so hoch, mein kleiner Freund

10 Welches war die erste TV-Sendung, die Hans Meiser moderierte?

7 vor 7

Explosiv

Hans Meiser

Notruf

11 An welchem See verbrachte Helmut Kohl mit seiner Familie seine Sommerferien?

Starnberger See

Chiemsee

Vierwaldstätter See

Wolfgangsee

12 Welche Darstellerin der *Golden Girls* war die älteste?

Beatrice Arthur – »Dorothy«

Rue McClanahan – »Blanche«

Betty White – »Rose«

Estelle Getty – »Sophia«

9 Am 24. April 1982 gewann Nicole mit dem aus der Feder von Ralph Siegel und Bernd Meininger stammenden Lied *Ein bisschen Frieden* den *Grand Prix Eurovision de la Chanson* im britischen Harrogate. Die damals erst 17 Jahre junge Sängerin war nach 27 Jahren die erste deutsche Interpretin, der wieder ein Sieg gelang. Der Siegertitel wurde weltweit vier Millionen Mal verkauft und in sechs Sprachen übertragen. Noch am Abend der Siegerwahl sang Nicole das Lied auf der Grand-Prix-Bühne noch einmal auf Englisch, Französisch, Niederländisch und Spanisch.

10 Der 1946 geborene Hans Meiser hatte beim Südwestfunk und als Nachrichtenredakteur bei Radio Luxemburg gearbeitet, bevor er als Mann der ersten Stunde seit 1984 beim Luxemburger Privatsender RTLplus Sprecher der Hauptnachrichtensendung *7 vor 7* wurde. Beim selben Sender führte Meiser ab Sommer 1992 achteinhalb Jahre durch das Programm der nach ihm benannten Nachmittags-Talkshow *Hans Meiser*. Seit Beginn desselben Jahres moderierte er darüber hinaus die jeweils sonntags ausgestrahlte RTL-Sendung *Notruf*, in der außergewöhnliche Rettungsaktionen nachgestellt wurden. *Notruf* wurde im August 2006 von RTL eingestellt.

11 Zum bodenständigen Image von Bundeskanzler Kohl gehörten neben pfälzischen Ausspracheeigentümlichkeiten, wie »Famillje« und »Gechichte«, die häufig bekundete Vorliebe für regionale Spezialitäten. Und auch hinsichtlich der Sommerurlaubspläne der Kanzlerfamilie wussten sich die Bundesbürger vor Überraschungen gefeit: Traditionell verbrachte Kohl gemeinsam mit seiner Frau Hannelore und den beiden Buben Peter und Walter die Sommerfrische im österreichischen Salzkammergut am Wolfgangsee. Die Boulevardpresse füllte regelmäßig das Sommerloch mit Spekulationen über des Kanzlers Diäterfolge.

12 Obwohl die Sizilianerin Sophia als Mutter von Dorothy im Rahmen der Serienfiktion die älteste der vier Hauptfiguren ist, ist ihre Darstellerin Estelle Getty (geb. am 25. Juli 1923) tatsächlich zwei Monate jünger als ihre Serien-Tochter Dorothy, gespielt von Beatrice Arthur (geb. am 13. Mai 1923). Die älteste Darstellerin der Truppe ist aber auch nicht sie, sondern »Rose« Betty White (geb. am 17. Januar 1922). Jüngstes Mitglied der rüstigen Wohngemeinschaft ist »Blanche« Rue McClanahan (geb. am 21. Februar 1934).

Unterhaltung

21 In welcher Vorabendsendung hatte Max Inzinger seine großen Auftritte?

WWF Club

Drehscheibe

Sesamstraße

Die aktuelle Stunde

22 Wie hieß Thomas Anders' erste Ehefrau mit Vornamen?

Sylvie

Moni

Nora

Dana

23 Am 24. März 1981 strahlte das ZDF zum ersten Mal die Sendung Löwenzahn aus. Die Kindersendung lief allerdings schon seit dem 7. Januar 1979 im ZDF, zuvor jedoch unter anderem Namen. Wie lautete dieser?

Löwenmaul

Pusteblume

Butterblume

Gänseblümchen

24 Welcher deutsche Fernsehkommissar fuhr einen Dienstwagen mit dem KFZ-Kennzeichen G?

Horst Schimanski

Hannes Faber

Erwin Köster

Josef Matula

21 Die *Drehscheibe* war eine Magazinsendung im Vorabendprogramm des ZDF, in der verschiedene Boulevard- und Ratgeberthemen behandelt wurden. Zum Ratgeberbereich gehörten neben gelegentlichen Tests technischer Produkte auch die Auftritte des legendären deutschen Fernsehkochs Max Inzinger, der durch Sätze wie »Ich habe da schon einmal etwas vorbereitet« unsterblich wurde. Zu den prominenten Mitgliedern des *Drehscheibe*-Teams zählten außerdem Alfred Biolek, Christine Westermann und Peter Nemec.

22 Es waren nicht nur die erstaunlich variationsarme Musik und der immense Erfolg, den Modern Talking damit hatten, auch die optische Ästhetik der Band war heftig umstritten. Doch so sehr sich Dieter Bohlen auch bemühte, durch Vokuhila-Frisur, Dauerlächeln und Animationsgestik nicht in den Hintergrund gedrängt zu werden, der wie ein Kastrat singende und aufs Unmännlichste sonnengebräunte Thomas Anders stellte ihn mit seiner atemberaubenden schwarzen Lockenmähne locker in den Schatten. Dass er den Namen seiner Frau Nora, von der er sich 1999 scheiden ließ, durch ein undezentes Goldkettchen unablässig der Öffentlichkeit präsentierte, verstärkte den ohnehin bizarren Eindruck zusätzlich.

23 Die von Peter Lustig bis Ende 2005 moderierte Sendung hieß anfänglich *Pusteblume*. Aus rechtlichen Gründen wurde sie 1981 in *Löwenzahn* umbenannt, ohne dass das Konzept grundlegend geändert worden wäre. In über 200 Folgen ging Peter Lustig in seiner typischen blauen Latzhose von seinem Wohnwagen aus auf Entdeckungsreise, suchte den Gingko-Baum, spürte Kakerlaken nach oder versuchte, einen Roboter zu bauen. 2005 verließ Peter Lustig aus gesundheitlichen Gründen die Sendung. Seitdem moderiert Guido Hammesfahr in der Rolle des Fritz Fuchs den *Löwenzahn*.

24 Die von 1985 bis 2005 produzierte Krimiserie *Der Fahnder* spielte in der fiktiven, namenlosen Ruhrgebietsstadt G, wie sich aus dem Kennzeichen schließen ließ, das Kommissar Fabers hellgrünen Ford Granada zierte. G stand ursprünglich schlicht für Großstadt. Nach der Wiedervereinigung und der Vergabe des Kennzeichens G an Gera änderte man das Serienkennzeichen des Fahnders in GX und gab der fiktiven Stadt den Namen Gleixen. Interessanterweise wurden alle Folgen mit Klaus Wennemann, der von 1985 bis 1992 den Faber spielte, in München und nicht etwa im Ruhrgebiet gedreht.

Unterhaltung

25 Wer moderierte im wöchentlichen Wechsel mit Hanns-Joachim Friedrichs ab 1987 die *Tagesthemen*?

Ulrike Wolf
Gabi Bauer
Sabine Christiansen
Dagmar Berghoff

26 Wer wirkte bei der gemeinsamen Einspielung des Rap-Songs *Rapper's Deutsch* nicht mit?

Thomas Gottschalk
Frank Laufenberg
Manfred Sexauer
Frank Zander

27 Wer spielte die männliche Hauptrolle in der Fernsehserie *Die Dornenvögel*?

Christopher Plummer
Tom Selleck
Richard Chamberlain
Patrick Swayze

28 Welche Spielshow moderierte Werner Schulze-Erdel?

Jeopardy
Ruck Zuck
Der Preis ist heiß
Hopp oder Topp

25 Vor dem 1. Oktober 1985 wurden die ARD-*Tagesthemen* von verschiedenen Moderatoren wie Wolf von Lojewski, Ernst Dieter Lueg, Klaus Bednarz und Klaus-Peter Siegloch abwechselnd präsentiert. Fortan gab es nur noch zwei feste Moderatoren im wöchentlichen Wechsel. An der Seite von Chef-Moderator Hanns Joachim Friedrichs stand von Oktober 1985 bis August 1987 Ulrike Wolf, ihr folgte zehn Jahre lang Sabine Christiansen, die nach Friedrichs Ausstieg im Sommer 1991 mit Ulrich Wickert das Tagesthemen-Duo bildete. Gabi Bauer war Christiansens Nachfolgerin. Im April 2001 ersetzte sie Anne Will.

26 Den Initialen ihrer drei Nachnamen gemäß nannte sich die Formation aus Thomas Gottschalk, Frank Laufenberg und Manfred Sexauer GLS United. Die Gruppe kam allerdings lediglich für die einmalige Einspielung der deutschen Coverversion des legendären Rap-Songs *Rapper's Delight* von der Sugarhill Gang zusammen. Immerhin schaffte es die deutsche Version, die wohl als erste deutschsprachige Rap-Nummer gelten darf, auf Platz 49 in den deutschen Charts. Frank Zander, der damals *Die Plattenküche* moderierte, war nicht dabei.

27 Für seine Darstellung des Paters de Bricassart erhielt Richard Chamberlain den Golden Globe und setzte damit – nach dem gefeierten Comeback mit *Shogun* (1980) – seine Erfolgsserie fort. Der Fernsehfilm nach dem gleichnamigen Roman von Colleen McCullough spielt in Australien und erzählt in vier Episoden die Geschichte der Familie Cleary. Die Affäre der Tochter Meggie mit dem befreundeten Pater de Bricassart lässt das Leben aller Clearys aus den Fugen geraten.

28 Der an der Bochumer Schauspielschule ausgebildete Werner Schulze-Erdel moderierte von 1988 bis 1991 über 1000 Folgen der Tele-5-Spielshow *Ruck Zuck,* bei der zwei fünfköpfige Teams verschiedene Begriffe umschreiben und erraten mussten. Bis 2005 wurde die Sendung von Jochen Bendel und Matthias Euler weitergeführt, die mit über 2300 Folgen nach dem Glücksrad die am zweithäufigsten ausgestrahlte Spielshow im deutschen Fernsehen ist. Werner Schulze-Erdel wurde einem breiten Publikum bekannt als Moderator der RTL-Gameshow *Familien-Duell,* die er zwischen 1992 und 2003 ganze 2275-mal präsentierte.

Unterhaltung

29 Wo wurde die MTV-Moderatorin Kristiane Backer geboren?
Manchester
Aberdeen
Hamburg
Graz

30 Welche Sendung wurde am Valentinstag 1981 zum ersten Mal ausgestrahlt?
Wetten, dass..?
Verstehen Sie Spaß?
Auf Los geht's los
Die Pyramide

31 Wie heißt der Gründer der *Love Parade* mit bürgerlichem Namen?
Matthias Roeingh
Hans Peter Geerdes
Marusha Aphrodite Gleiss
Helmut Josef Geier

32 Wie hieß die erste eigene Talkshow von Alfred Biolek?
Kölner Treff
Bei Bio
Bios Bahnhof
Boulevard Bio

29 Die 1966 in Hamburg geborene Kristiane Backer war die erste deutsche Moderatorin von MTV Europe, die selbstverständlich auf Englisch moderierte. Die hübsche junge Frau machte zunächst ein Volontariat als Radiojournalistin bei Radio Hamburg, bevor sie von 1989 bis 1995 für MTV in London arbeitete, u. a. als Moderatorin der Heavy-Metal-Sendung *Headbangers Ball*. Ihre Nachfolgerin bei MTV wurde Heike Makatsch. Von 1993 bis 1995 moderierte Backer auch die RTL-2-Sendung *Bravo TV*.

30 Am 14. Februar 1981 ging die von Frank Elstner konzipierte und bis 1987 auch moderierte Show *Wetten, dass ..?* erstmals auf Sendung. Das von Paola und Kurt Felix präsentierte *Verstehen Sie Spaß?* war ein gutes Jahr zuvor gestartet, Joachim Fuchsbergers *Auf Los geht's los* lief bereits seit 1977, und Dieter Thomas Hecks Rateshow *Die Pyramide* startete 1979. *Wetten, dass ..?*, von Beginn an vom ZDF, ORF und Schweizer Fernsehen gemeinsam produziert, gilt als erfolgreichste europäische TV-Produktion. Thomas Gottschalk übernahm die Moderation der Sendung von 1987 bis 1992 und leitet sie nach einem kurzen Intermezzo von Wolfgang Lippert, der Anfang 1994 neun Folgen moderierte, bis heute.

31 Die erste *Love Parade* fand am 1. Juli 1989 in Berlin statt. Ihr Initiator, Dr. Motte, hieß mit bürgerlichem Namen Matthias Roeingh. Er hatte die Technoparade als politische Demonstration unter dem Motto »Friede, Freude, Eierkuchen« angemeldet. Etwa 150 Raver nahmen an dem Umzug teil. In den folgenden Jahren stiegen die Besucherzahlen kontinuierlich an, und damit nahmen auch die Beschwerden der Anwohner zu. 2001 wurde der *Love Parade* der Demonstrationsstatus aberkannt, da die Verantwortlichen eine politische Aussage der Veranstaltung vermissten.

32 Nachdem Alfred Biolek von 1975 an zusammen mit Dieter Thoma die WDR-Talkshow *Kölner Treff* moderiert hatte, wurde *Bios Bahnhof* ab 1978 die erste von ihm sowohl produzierte als auch allein moderierte Sendung. Bis zum Herbst 1982 übertrug die ARD live 30 Folgen aus der ehemaligen Depothalle der Köln-Frechen-Benzelrather Eisenbahn. Biolek erwies sich in der bunt gemischten Unterhaltungsshow mit live singenden Künstlern als erfolgreicher Talentscout. Später in den 80ern moderierte er die nicht ganz so erfolgreiche Sendung *Bei Bio* und von 1991 bis 2003 den Dauerbrenner *Boulevard Bio*.

Unterhaltung

33 **Worin wichen alle in Deutschland ausgestrahlten Folgen der Erfolgsserie _Dallas_ vom amerikanischen Original ab?**
Sie begannen mit einer anderen Titelmelodie.
Sie waren um drei Minuten gekürzt.
Der Name einer Hauptfigur lautete anders.
Die Serie lief unter einem anderen Namen als das Original.

34 **Aus welchem Film ist Zachi Noy vielen Zuschauern bekannt?**
Eis am Stiel
American Graffiti
Berlin Alexanderplatz
Zwei himmlische Töchter

35 **Wer moderierte als Zweite/r die ARD-Musiksendung _Formel Eins?_**
Stefanie Tücking
Ingolf Lück
Kai Böcking
Peter Illmann

36 **Wer gilt als »König des ZDF-Weihnachtsmehrteilers«, seit er in den 1980er-Jahren in nicht weniger als vier dieser beliebten Miniserien eine Hauptrolle spielte?**
Thommy Ohrner
Patrick Bach
Hendrik Martz
Philipp Moog

33 Die ARD kürzte jede Folge um etwa drei Minuten, um die nun 43 Minuten langen Folgen besser in das eigene Programmschema einpassen zu können. Zudem wurden sieben Folgen in Deutschland nie ausgestrahlt, weil sie den Verantwortlichen thematisch zu heikel waren (etwa aufgrund von Entführungsszenen, Homosexualität oder Gewaltanwendung). Das führte mitunter zu unerklärten Logikfehlern — etwa wenn eine Hauptfigur plötzlich an Krücken ging und niemand wusste, wie es dazu gekommen war. Die mittlerweile erhältliche DVD-Edition enthält allerdings sämtliche Folgen in voller Länge.

34 Der 1953 geborene israelische Schauspieler Zachi Noy ist hierzulande v. a. durch seine Rolle als übergewichtiger Johnny in der von 1977 bis 1988 produzierten achtteiligen Film-Serie *Eis am Stiel* bekannt. Anders als bei den Hauptdarstellerinnen der Softerotik-Komödien standen die Auftritte in den albernen Filmchen seiner weiteren Karriere nicht im Weg. In seiner Heimat ist Noy ein erfolgreicher Fernsehschauspieler, der für seine Rolle in der Anwaltsserie *Ramat Aviv Gimmel* bereits mit einigen Preisen ausgezeichnet wurde.

35 Die ARD strahlte die Musikvideosendung *Formel Eins* von 1983 bis 1990 wöchentlich aus. Neben Videoclips, die sich in den frühen 80ern als Musikvermarktungsform durchsetzten, wurden in der Sendung exklusive Star-Auftritte auf der studioeigenen Bühne präsentiert. Darüber hinaus waren Studiointerviews mit diversen Popstars ein fester Bestandteil der Sendung. Der erste *Formel-Eins*-Moderator war Peter Illmann, er präsentierte die Show von 1983 bis 1984. Sein Nachfolger im Jahr 1985 war Ingolf Lück. Ihm folgte bis 1987 Stefanie Tücking. Kai Böcking war schließlich der letzte *Formel-Eins*-Moderator.

36 Patrick Bach (Jahrgang 1968) spielte 1981 die Titelrolle in *Silas*, 1982 die Titelrolle in *Jack Holborn*, 1987 den Rainer in *Anna* und 1989 den Sebastian in *Laura und Luis*. Der aus vielen weiteren deutschen Fernsehserien und TV-Mehrteilern — wie *Die Baskenmütze* und *Unser Charly* — bekannte Schauspieler arbeitet auch als Synchronsprecher. So lieh er u. a. in der dreiteiligen Verfilmung von J. R. R. Tolkiens *Der Herr der Ringe* Sean Astin, dem Darsteller des Samweis Gamdschie, seine Stimme.

Unterhaltung

37 Welche Sendung moderierte Werner Höfer bis 1987?
Internationaler Frühschoppen
Morgenmagazin
Presseclub
Bericht aus Berlin

38 Wie hieß das Wunderauto, mit dessen Hilfe David Hasselhoff alias Michael Knight in *Knight Rider* seine Fälle löst?
Dudu
Herbie
K. I. T. T.
HAL

39 Welcher deutsche Quizmaster moderierte eine seiner Sendungen im Nachthemd?
Frank Elstner
Hans-Joachim Kuhlenkampff
Joachim Fuchsberger
Rudi Carrell

40 Welche beliebte Serie der 80er-Jahre hält – von außergewöhnlichen Sportereignissen einmal abgesehen – bis heute den Zuschauerrekord im deutschen Fernsehen?
Lindenstraße
Die Schwarzwaldklinik
Das Erbe der Guldenburgs
Diese Drombuschs

37 Höfer rief 1952 den *Internationalen Frühschoppen* zunächst im Hörfunk ins Leben. Ein Jahr später war er dann auch im Fernsehen zu sehen. Jeden Sonntagmittag diskutierte er in der beliebten Sendung mit Journalisten aus verschiedenen Ländern über das politische Thema der Woche. 1987 gab Höfer die Moderation ab, und die Sendung wurde kurz darauf durch den *Presseclub* ersetzt. Der Grund für diese Entwicklung war das Bekanntwerden von Höfers journalistischer NS-Vergangenheit: 1943 hatte er in einem Artikel des Berliner 12-Uhr-Blatts die Hinrichtung des Pianisten Karlrobert Kreitens gerechtfertigt, allerdings ohne diesen namentlich zu nennen.

38 Knight Industries Two Thousand, kurz K. I. T. T., war ein hochgerüsteter, intelligenter schwarzer Pontiac Firebird Trans AM mit eigener Persönlichkeit. Das mit Wasserstoff betriebene und durch eine spezielle Versiegelung unzerstörbare Fahrzeug half Knight als Freund und Helfer in der Not durch alle Schwierigkeiten. Seine deutsche Stimme erhielt der Wagen von Gottfried Kramer, der auch als Sprecher in so beliebten Hörspielserien wie *TKKG*, *Die drei ???* oder *Commander Perkins* zu hören war.

39 Joachim »Blacky« Fuchsberger hatte 1983 in Frank Elstners erfolgreicher ZDF-Show *Wetten, dass..?* eine Wette verloren und stand zu seiner Wettschuld: Die nächste Folge seiner ARD-Sendung *Auf Los geht's los* am 22. Oktober 1983 moderierte er von Anfang bis Ende in einem altmodischen Großvaternachthemd und in Plüschpantoffeln. Die Gäste, darunter auch Dallas-Star Patrick Duffy, waren teils verwundert, teils amüsiert. Viele Kommentatoren fanden Fuchsbergers Auftritt allerdings geschmacklos und kritisierten den Moderator für seinen Wetteinsatz und dessen Einlösung.

40 Am 17. November 1985 waren die Augen von nahezu 28 Millionen Deutschen auf die Ausstrahlung der achten Folge der *Schwarzwaldklinik* mit dem Episodentitel *Die Schuldfrage* gerichtet. Selbst für eine so erfolgsverwöhnte Serie, die regelmäßig rund 25 bis 26 Millionen Zuschauer hatte und in über 70 Länder verkauft wurde, ist ein solches Ergebnis spektakulär. Übertroffen wurde es erst mehr als 20 Jahre später am 4. Juli 2006, allerdings nicht von einer anderen Serie, sondern vom Halbfinalspiel der Fußball-WM zwischen Italien und Gastgeber Deutschland; dieses Ereignis sahen rund 30 Millionen Menschen.

Unterhaltung

41 Der spätere James-Bond-Darsteller Pierce Brosnan wurde dem breiten Publikum bereits in den 80er-Jahren durch seine Rolle in der TV-Serie *Remington Steele* bekannt. Wer spielte Brosnans Serien-Partnerin?

Stefanie Powers

Kate Jackson

Natalie Wood

Stephanie Zimbalist

42 Wie hieß die erste Aufklärungssendung im Deutschen Fernsehen?

Peep!

Eine Chance für die Liebe

Liebe Sünde

Wa(h)re Liebe

43 Wer brüskierte Schlagersänger Roland Kaiser vor laufender Kamera derart, dass dieser wutentbrannt das Studio verließ?

Hella von Sinnen

Jürgen von der Lippe

Karl Dall

Mike Krüger

44 Wen löste Jörg Knör 1983 als Sprecher bei der Synchronisation von Wum und Wendelin ab?

Wim Thoelke

Loriot

Dieter Hallervorden

Otto

41 Laura Holt, die Privatdetektivin, die ihre erfolglose Firma in Remington Steele umbenennt, um durch Vortäuschen eines männlichen Chefs Kunden anzulocken, wurde während der gesamten Dauer der Serie von 1982 bis 1987 von Stephanie Zimbalist gespielt. Die letzte Staffel kam trotz sinkender Quoten nur zustande, weil Brosnan als Bond-Nachfolger von Roger Moore hoch gehandelt wurde und die Serie damit wieder interessant machte. Paradoxerweise verhinderten die entsprechenden Serienverträge Brosnans Agenten-Erfolg fürs Erste, und auch Zimbalist musste auf die Rolle der Anne Lewis in *Robocop* verzichten.

42 *Eine Chance für die Liebe* hieß das erste Live-Info-Magazin zu Themen der Sexualität, das der Privatsender RTL von 1987 bis 1991 ausstrahlte. Oft parodiert und nie erreicht: die Art, in der die Moderatorin Erika Berger die Beine übereinanderschlug und mit den live zugeschalteten Anrufern sachlich und unverkrampft über Intimstes plauderte. Berger, die zuvor für Bild und Neue Revue gearbeitet hatte, wurde mit der Sendung zur Hauptaufklärerin der Nation.

43 Von Anfang 1985 bis Ende 1991 moderierte Karl Dall die Sat.1-Talkshow *Dall-As*. Verantwortlich für den spezifischen Humor der bei einem breiten Publikum sehr beliebten Sendung war der Moderator selbst. Dieser brachte das eigentümliche Niveau der Sendung treffend auf den Punkt, als er zu bedenken gab, dass man wohl kaum über seinem Niveau lachen könne. Darüber hinaus dürfte das nicht in homöopathischen Dosen gereichte Bier das Seinige dazu beigetragen haben, dass der dargebotene Humor bisweilen brachial anmutete. Roland Kaiser schätzte diesen Ton offenbar nicht, denn als Dall ihn aufforderte: »Na, sing schon mal, damit wir es hinter uns haben«, verließ er wutentbrannt das Studio.

44 Loriot war der Zeichner der beiden beliebten Figuren, die seit den 70er-Jahren in Wim Thoelkes Sendung *Der große Preis* regelmäßig das Publikum begeisterten: der Hund Wum und der Elefant Wendelin. Auch Gäste, wie der Blaue Klaus, der faule Hund Hugo und das Schwein Fräulein Berta gehörten zum Repertoire der Figuren, die die Zuschauer gegen Ende ihres Auftritts immer an den Stichtag des Loskaufs für die nächste Ziehung der Aktion Sorgenkind erinnerten. Gesprochen wurden sie zunächst von ihrem Zeichner selbst. Erst 1983 übernahm Jörg Knör die Synchronisation, was ihm als Parodist sehr gut gelang.

Unterhaltung

45 Wer wirkte als Einzige/r in allen 217 Episoden des *Denver Clan* mit?

John Forsythe – »Blake«

Linda Evans – »Krystle«

Joan Collins – »Alexis«

Heather Locklear – »Sammy-Jo«

46 Zum Verzehr welcher deftigen Köstlichkeit lud Bundeskanzler Helmut Kohl auswärtige Staatsgäste gerne ins pfälzische Deidesheim ein?

Schweinsfüße

Kalbshirn

Saumagen

Rinderherz

47 In welcher Fernsehproduktion spielt eine Figur namens Rumburak eine entscheidende Rolle?

Das Geheimnis des siebten Weges

Prinzessin Fantaghiro

Die Märchenbraut

Die schöne Arabella und der Zauberer

48 Wie hieß der erste Hund der Bundys?

Bud

Bully

Buck

Lucky

45 Nur John Forsythe, alias Blake Carrington, war wirklich in sämtlichen Episoden sowie im Pilotfilm zu sehen. Alexis – Joan Collins' spätere Paraderolle – trat erstmals in der letzten Folge der ersten Staffel auf und wurde dort nicht einmal von Joan Collins gespielt, was allerdings nicht auffiel, weil Alexis in dieser Folge nur verschleiert zu sehen ist. Krystle lag einige Folgen lang im Koma, sodass Linda Evans eine Zeit lang nicht zu sehen war. Und Heather Locklear in der Rolle der Sammy-Jo hatte nicht vor der 18. Folge ihren ersten Auftritt.

46 Beim Pfälzer Saumagen handelt es sich um eine Delikatesse der Pfälzer Küche, die – anders als der Name vermuten lässt – nichts mit dem Mageninhalt eines Schweins zu tun hat. Der (gereinigte) Saumagen dient nur als Hülle, die wie bei einer Bratwurst mit speziellen Zutaten gefüllt wird, sofern nicht (ebenso wie bei der Bratwurst) auf eine künstliche Pelle zurückgegriffen wird. Die Füllung besteht v. a. aus Wurstbrät, Kartoffeln und Gewürzen. Helmut Kohl bewirtete hochrangige Besucher wie François Mitterrand mit dem traditionellen Gericht, wodurch es nicht nur bundesweit, sondern auch international bekannt wurde.

47 Die in 13 Folgen ausgestrahlte Kinderserie *Die Märchenbraut* wurde zwischen 1979 und 1981 vom tschechischen Fernsehen und dem WDR produziert. Unter dem Titel *Die schöne Arabella und der Zauberer* lief sie auch im DDR-Fernsehen. Der Schauspieler und Märchenonkel Herr Maier ruft darin durch das Läuten eines magischen Glöckchens ungewollt den Zauberer Rumburak aus der Märchenwelt herbei. Als er kurz darauf versehentlich den Bösen Wolf erschießt und dadurch eine Kette haarsträubender Verwicklungen auslöst, geraten Märchenkosmos und reale Welt gehörig durcheinander.

48 Die »schrecklich nette Familie« besaß zunächst einen französischen Briard, der Buck genannt wurde. Dessen tierische Gedanken wurden dem Publikum in manchen Szenen der zwischen 1987 und 1997 produzierten TV-Serie durch eine Stimme aus dem Off mitgeteilt. Buck musste nach einiger Zeit sterben – der echte Hund starb kurz darauf übrigens tatsächlich. Gewissermaßen als Bucks Reinkarnation bekamen die Bundys – Vater Al, Mutter Peggy, Sohn Bud und Tochter Kelly – später den Spaniel Lucky, der in der deutschen Synchronisation anders als in der Originalversion dieselbe Stimme hat wie sein Vorgänger.

Unterhaltung

49 In welcher Kult-Serie der 80er-Jahre konnte man einen Unternehmer zu einem vermeintlich Subalternen sagen hören: »Ich scheiß Dich zu mit meinem Geld«?

Das Erbe der Guldenburgs
Kir Royal
Diese Drombuschs
Rivalen der Rennbahn

50 Welche ehemalige Softpornodarstellerin moderierte an der Seite von Frank Zander die Musiksendung Bananas?

Olivia Pascal
Bea Fiedler
Sibylle Rauch
Elisabeth Volkmann

51 Wie hieß die langlebigste Quizsendung des deutschen Fernsehens, die nach dem Tod des Moderators am 14. Januar 1989 nach stattlichen 337 Folgen eingestellt wurde?

Der große Preis
Am laufenden Band
Was bin ich?
Einer wird gewinnen

52 Welches irdische Haustier gilt für den Außerirdischen Alf in der gleichnamigen TV-Serie als Delikatesse?

Hund
Katze
Papagei
Goldfisch

49 Gesprochen wurden diese Worte von Mario Adorf in der Rolle des aus der Provinz stammenden, erlebnis- und bedeutungssüchtigen Kleberfabrikanten Haffenloher. Der Untergebenen gegenüber auf der Anrede »Generaldirektor« bestehende Prahlhans hatte sich in der ersten Folge der sechsteiligen TV-Serie *Kir Royal* vorgenommen, den Münchner Klatschreporter Baby Schimmerlos – gespielt von Franz Xaver Kroetz – durch übermäßige Geldgeschenke gewissermaßen zu kaufen, damit er ihn in seiner Gesellschaftskolumne erwähnt und in die Münchner High Society einführt.

50 Olivia Pascal wurde als 19-Jährige von dem Softpornoproduzenten Karl Spiehs entdeckt, der sie mit Rollen in Filmen wie *Griechische Feigen, Sylvia im Reich der Wollust* und *Insel der tausend Freuden* bedachte. Populär wurde sie als Komoderatorin der ARD-Musiksendung *Bananas* an der Seite von Frank Zander, der mit der von 1981 bis 1984 ausgestrahlten Videoclip-Sendung einen Nachfolger für die legendäre, mit Helga Feddersen in den 70ern produzierte *Plattenküche* etabliert hatte. Olivia Pascal spielte danach noch in einigen seriösen Filmen und Fernsehserien, so z. B. in der *Schwarzwaldklinik* und in *SOKO 5113*.

51 Mit dem Tod Robert Lembkes fand die Erfolgsgeschichte von *Was bin ich?* ein vorläufiges Ende. Nur wenige Tage zuvor war die letzte Aufzeichnung der Rateshow ausgestrahlt worden, die von 1955 bis 1958 und dann erneut ab 1961 Teil des ARD-Unterhaltungsprogramms war. Das »heitere Beruferaten«, dessen Fragen zum Teil idiomatisch geworden sind – »Welches Schweinderl hätten S' denn gern?« –, erlebte später noch zahlreiche Neuauflagen, die an den liebenswert-biedermeierlichen Charme und Erfolg des Originals jedoch nicht anknüpfen konnten.

52 Alf – kurz für Außerirdische Lebensform – stammt vom Planeten Melmac, und dort waren Katzen das Hauptnahrungsmittel. Entsprechend gierig beäugt der Außerirdische den Kater seiner irdischen Gastfamilie Tanner, Lucky. Obwohl er ihn mehrfach zu fangen versucht und auch gelegentlich verdächtigt wird, ihn tatsächlich gefressen zu haben, geschieht dem Haustier selbstverständlich in keiner Folge der Serie etwas Ernstes, zumal Alfs Ernährungsspektrum ohnehin breit genug ist, um aus Katzenmangel nicht gerade verhungern zu müssen.

Unterhaltung

53 Welcher Pornostar wirkte im Videoclip zu *Bitte, bitte,* einem Song der Berliner Band Die Ärzte, mit?
Dolly Buster
Teresa Orlowski
Traci Lords
Cicciolina

54 Wer saß als Franz Meersdonk auf dem Bock eines LKWs der Spedition Mittermann?
Rüdiger Kirchstein
Manfred Krug
Armin Rohde
Rolf Zacher

55 Welches Kleidungsstück assoziiert man mit Jürgen Zeltinger?
Jäckchen
Tigertanga
Plüsch-BH
Cowboystiefel

56 Wo fand am 13. Juli 1985 das Live-Aid-Konzert statt?
Berlin und Moskau
Liverpool und Washington
Manchester und Woodstock
London und Philadelphia

53 Am 15. Mai 1989 wurde das Video zu dem Ärzte-Lied *Bitte, bitte* uraufgeführt, in dem das Berliner Trio Erfahrungen verarbeitet haben will, die es mit der Zensur gemacht hatte. Die Porno-Darstellerin Teresa Orlowski tritt darin als peitschenschwingende Domina auf. 1981 lernte die 1979 nach Deutschland gekommene Polin den Pornofilmer Hans Moser kennen, den sie später heiratete. Erst machte sie als Deutschlands Porno-Queen vor der Kamera Karriere, später auch als Pornoproduzentin.

54 In der Vorabendserie *Auf Achse,* von der die ARD zwischen 1977 und 1996 sechs Staffeln produzierte, spielte Manfred Krug in den ersten fünf Staffeln den Fernfahrer Franz Meersdonk. Die Rolle seines Partners und Kopiloten, Ex-Rennfahrer Günther Willers, spielte Rüdiger Kirschstein. Die Dreharbeiten fanden in Ländern wie Griechenland, Marokko, Algerien, Südafrika, Finnland und sogar in Mexiko, Chile und Thailand statt. Die fünfte Staffel spielt ausschließlich in der Türkei. Eine Besonderheit der Produktion war, dass die Sprache der Einheimischen nicht synchronisiert wurde, damit der Zuschauer die allgegenwärtigen Verständigungsprobleme nachvollziehen konnte.

55 Der nicht gerade an Magersucht leidende, glatzköpfige Kölner Rockstar, der sich schon mit seinem Erstling *Live im Roxy/im Bunker* und dem darauf befindlichen Ramones-Cover *Müngersdorfer Stadion* ewigen Ruhm verdient hatte und mit der grandiosen Rocknummer *Asi mit Niwoh* auf auszeichnungswürdige Art und Weise die Vielschichtigkeit eines Proleten dokumentierte, bescherte Konzertbesuchern regelmäßig ein eindrucksvolles Zusatzerlebnis, indem er sich auf der Bühne bis auf seinen Tigerstringtanga entkleidete. Das Publikum blieb ihm trotzdem treu.

56 Das von Bob Geldof organisierte, bis dahin größte Benefizkonzert der Rockgeschichte fand zeitgleich im Londoner Wembley-Stadion und im John-F.-Kennedy-Stadion in Philadelphia statt. Abwechselnd traten die damaligen Superstars der Musikszene in England und in den USA auf, darunter David Bowie, Madonna, Mick Jagger, Phil Collins, Tina Turner, U2 und die Simple Minds. Anlass für die Veranstaltung war die akute Hungersnot in Äthiopien. Da das Konzert weltweit im Fernsehen übertragen wurde, gingen auch die Spendenaufrufe für Hungerleidende in Afrika um die Welt.

Kunst & Kultur

Kultur in den 80ern

…das waren die Rolling Stones, die man schon 1982, als die 40-Jährigen noch einmal groß auf Tournee gingen, gehässig als Rock-Opas titulierte. Das waren die jungen zornigen Leute, die nun auch in Deutschland Punk vom Gossen- zum Modephänomen machten. Dabei entwickelte sich etwas Vielgestaltiges: dilettantische bis progressive, virtuose Musik, zu der deutsch gesungen wurde. Nach Rockern wie Lindenberg, Westernhagen und Franz K. wurde plötzlich auf breiter Front deutlich, dass deutscher Text nicht gleichbedeutend mit Schlager ist. Doch es ging auch anders: Modern Talkings Erfolg bestätigte Kulturpessimisten. Im Kino wurde das Abenteuergenre wiederentdeckt, *Das Boot* sank in unterschiedlicher Filmlänge, *Flashdance* und *E. T.* begeisterten das Publikum, und deutsche Komödien wie *Männer* feierten große Erfolge. Als ein islamistischer Führer mit einem Mordaufruf gegen einen Schriftsteller, gegen die Meinungsfreiheit und andere liberale Errungenschaften der westlichen Welt zu Felde zog, wusste sich diese auch damals schon keinen Rat.

1 **Wer sang mit** *Hier in der Kneipe fühl ich mich frei* **das Titellied eines ARD-***Tatorts?*
Klaus Lage
Achim Reichel
Herbert Grönemeyer
Marius Müller-Westernhagen

2 **Welches ist der vermeintlich »lüsterne« Tanz, dem der Film** *Dirty Dancing* **1987 eine enorme Popularität bescherte?**
Mambo
Rumba
Samba
Lambada

3 **Wo wurde 1984 die erste umfassende Max-Beckmann-Ausstellung der DDR gezeigt?**
Weimar
Berlin
Frankfurt am Main
Leipzig

4 **In welchem Roman von John Irving steht ein kleinwüchsiger Mensch im Mittelpunkt des Geschehens?**
Garp – und wie er die Welt sah
Gottes Werk und Teufels Beitrag
Das Hotel New Hampshire
Owen Meany

1 Zum zweiten *Tatort* mit dem Duisburger Kommissar Horst Schimanski – gespielt von Götz George – steuerte Marius Müller-Westernhagen mit *Hier in der Kneipe fühl ich mich frei* einen großartigen Titelsong bei, der sich als Trinkerballade hinter dem damals schon sehr erfolgreichen *Johnny Walker* nicht verstecken muss. Wer die am 13. Dezember 1981 erstmals ausgestrahlte *Tatort*-Folge *Grenzgänger* gesehen hat, wird nicht vergessen haben, wie Schimmi mit dem von Günther Maria Halmer gespielten Undercover-Agenten zur Musik nachmittags betrunken durch ein Lokal wankt.

2 Choreograph Kenny Ortega verarbeitete vor allem Einflüsse des Mambo, um das Tanzen als sinnlichen Annäherungsprozess darzustellen und weniger als schweißtreibende Arbeit, wie dies zuvor in Tanzfilmen wie *Flashdance* oder *A Chorus Line* geschehen war. Der Film mit Patrick Swayze und insbesondere der *Titelsong (I've Had) The Time Of My Life*, gesungen von Bill Medley und Jennifer Warnes, sorgten für ein enormes Interesse an Mambo und anderen Tänzen, was einen unvorhergesehenen Run auf die Tanzschulen zur Folge hatte.

3 Anlässlich des 100. Geburtstages von Max Beckmann wurde im Februar 1984 eine Ausstellung seiner Werke in Leipzig eröffnet. Das Museum der bildenden Künste zeigte erstmalig in der DDR Bilder des Künstlers in seiner Geburtsstadt. Unter dem NS-Regime musste Beckmann seine Professur an der Frankfurter Städelschule aufgeben, seine Werke galten als »entartet«. Beckmann verließ Deutschland 1937 und emigrierte über die Niederlande in die USA. Er gilt als einer der bedeutendsten deutschen Künstler des 20. Jahrhunderts. Der DDR fiel es allerdings nicht leicht, sein Werk mit ihrer Kunstdoktrin des Sozialistischen Realismus in Einklang zu bringen.

4 John Irvings siebter Roman *Owen Meany* erschien im Jahr 1989. Irving erzählt darin vom Leben des kleinwüchsigen Titelhelden, der sich neben seiner geringen Körpergröße äußerlich v. a. durch eine besonders markante Stimme auszeichnet. Gemeinsam mit seinem Freund John, der nach dem tragischen Tod seiner alleinerziehenden Mutter seinen Vater sucht, durchlebt er eine ereignisreiche Jugend, bevor sein Leben ein schicksalhaftes Ende findet. Owens auffälliges Erscheinungsbild, seine Stimme sowie seine Initialen verweisen auf das literarische Vorbild dieser Figur: Oskar Matzerath aus Günter Grass' *Blechtrommel*.

Kunst & Kultur

5 **Wer spielte 1980 den Franz Biberkopf in der Fassbinder-Verfilmung des Döblin-Romans *Berlin Alexanderplatz*?**

Otto Sander

Klaus Löwitsch

Günter Lamprecht

Gottfried John

6 **Welche Band veröffentlichte 1988 ein Album mit dem Titel *All or nothing*?**

Bronski Beat

Milli Vanilli

Blue System

Bros

7 **Wo fand die Welturaufführung von Andrew Lloyd Webbers Musical *Das Phantom der Oper* statt?**

Majestic Theatre in New York

Opéra National in Paris

Her Majesty's Theatre in London

Opera House in Sydney

8 **Welchem berühmten Düsseldorfer wurde in seiner Heimatstadt erst 125 Jahre nach seinem Tod ein Denkmal errichtet?**

Heinrich Heine

Karl August Varnhagen von Ense

Friedrich Engels

Heinrich Spoerl

5 Die 14-teilige Verfilmung des Großstadtromans *Berlin Alexanderplatz* erzählt die Geschichte des Exhäftlings Franz Biberkopf, der nach seiner Haftentlassung versucht, im Berlin der 1920er-Jahre ein anständiges Leben zu führen, dabei aber immer wieder auf die schiefe Bahn gerät. Die Hauptrolle in dieser kongenialen Literaturverfilmung spielte Günter Lamprecht, der auch schon vorher mit Rainer Werner Fassbinder zusammengearbeitet hatte, aber erst als Biberkopf den Durchbruch erzielte. Neben etlichen Charakterrollen in Filmen wie *Das Boot* oder *Comedian Harmonists* spielte Lamprecht später auch den Berliner *Tatort*-Kommissar Franz Markowitz.

6 Das von Frank Farian produzierte Pop-Duo Milli Vanilli brachte 1988 sein Debutalbum *All or nothing* auf den Markt. Mit dem Hit *Girl you know it's true* landete die Band einen Riesenhit. 1990 musste Farian allerdings bekannt geben, dass die vermeintlichen Sänger, Rob Pilatus und Fab Morvan, lediglich getanzt und die Lippen synchron zu Playbackaufnahmen bewegt hatten. Der Schwindel war kurz zuvor aufgeflogen, als bei einem Konzert auf der Amerika-Tour des Duos das Playbackband hängen geblieben war. Charles Shaw und Brad Howell hatten die Milli-Vanilli-Hits in Wahrheit gesungen. Rob Pilatus beging 1998 Selbstmord.

7 Im Jahr 1911 veröffentlichte der Franzose Gaston Leroux seinen Roman *Le fantôme de l'opéra*. Auf dieser Erzählung basieren verschiedene Film- und Bühnenfassungen. Die wohl bekannteste Umsetzung des Stoffes ist die des britischen Musical-Produzenten Andrew Lloyd Webber. Am 9. Oktober 1986 fand die Welturaufführung des Musicals *The Phantom of the Opera* – so der englische Originaltitel – im Her Majesty's Theatre in London statt. Die Broadwaypremiere war am 26. Januar 1988 im Majestic Theatre, New York.

8 Heinrich Heine war in Deutschland zu Lebzeiten und auch danach nie so beliebt wie z. B. seine Schriftstellerkollegen Schiller und Goethe. Der Liberale jüdischer Abstammung sparte nicht mit Hohn und Spott angesichts des reaktionären geistigen Klimas. Seine *Loreley* indes wurde eines der international bekanntesten deutschen Gedichte. Die Initiativen, ihm in seiner Heimatstadt ein Denkmal zu errichten, gingen meist von privater Seite aus – und scheiterten regelmäßig an den Umständen. Das erst 1981 am Schwanenmarkt enthüllte Denkmal wurde von dem Bankier Stefan Kaminsky gestiftet.

Kunst & Kultur

9 **Wie hieß die Band, aus der 1982 die Toten Hosen hervorgegangen sind?**
S.Y.P.H.
ZK
Die Mimmi's
Mittagspause

10 **Welcher Kultfilm aus dem Jahr 1982 basiert auf einem Roman mit dem Titel** *Träumen Androiden von elektrischen Schafen?* **aus dem Jahr 1968?**
Rambo
E.T. – Der Außerirdische
Alien – Das unheimliche Wesen aus einer fremden Welt
Blade Runner

11 **In welchem südamerikanischen Land spielt Isabel Allendes Roman** *Das Geisterhaus?*
Argentinien
Chile
Venezuela
Nicaragua

12 **Wo wurde John Lennon erschossen?**
New York
London
Los Angeles
Liverpool

9 Die deutsche Punk-Band ZK (Zentralkomitee) wurde 1978 u.a. von Andreas Frege, genannt Campino, gegründet. Seit 1980 gehörte der Gitarrist Andreas »Kuddel« von Holst mit zur Besetzung. Gemeinsam mit ihnen gründeten der ZK-Roadie Andreas Meurer, der fortan Bass spielen sollte, der Drummer Trini Trimpop und Michael Breitkopf 1982 die Toten Hosen, die aufgrund eines Druckfehlers für ihr erstes Konzert übrigens als »Die toten Hasen« angekündigt wurden. Nach den Singles *Wir sind bereit*, *Eisgekühler Bommerlunder* und *Reisefieber* erschien 1983 mit *Opelgang* ihre erste Langspielplatte.

10 Ridley Scott drehte seinen Film *Blade Runner* nach dem in der Frage genannten Roman von Philipp K. Dick, ging dabei jedoch sehr frei mit dem literarischen Vorbild um. Der Film mit Harrison Ford in der Hauptrolle hatte an der Kinokasse gegen den fast gleichzeitig startenden Science-Fiction-Hit *E.T.* zunächst keine Chance, entwickelte sich später – insbesondere auf dem Video-Markt – jedoch zum Dauerbrenner. Philipp K. Dick starb nur wenige Monate, bevor der Film in die Kinos kam.

11 *Das Geisterhaus*, 1982 erstmals veröffentlicht, ist das Erstlingswerk der chilenischen Schriftstellerin, einer Nichte zweiten Grades des ehemaligen chilenischen Präsidenten Salvador Allende, der bei dem Militärputsch von Augusto Pinochet ums Leben kam. Der Roman ist stark autobiografisch geprägt und enthält viele historische Bezüge. Er erzählt die Geschichte zweier großbürgerlicher chilenischer Familien von den 1930er-Jahren bis zum Militärputsch in den 70ern. Wie die Romanheldin Blanca Garcia musste auch die inzwischen in den USA lebende Allende 1975 aus Chile fliehen.

12 Der 1940 in Liverpool geborene John Lennon wurde am 8. Dezember 1980 im Alter von nur 40 Jahren von dem psychisch gestörten Attentäter Mark Chapman erschossen. Der Mord ereignete sich in New York vor dem Dakota Building, in dem John Lennon und seine Frau Yoko Ono ein Appartement besaßen. Chapman hatte bereits Stunden zuvor John Lennon an derselben Stelle abgepasst und sich von ihm das Album *Double Fantasy* signieren lassen. Als Lennon um 22:48 Uhr von seinem Fahrer zu Hause abgesetzt wurde, erschoss Chapman ihn aus sechs Meter Entfernung. Kurze Zeit später erlag der Sänger seinen schweren Verletzungen.

13 **Welches im Zweiten Weltkrieg zerstörte Bauwerk wurde nach seinem Wiederaufbau am 13. Februar 1985 eingeweiht?**

Weimarer Nationaltheater

Semperoper in Dresden

Berliner Dom

Alte Pinakothek in München

14 **In welcher Rolle trat Norbert Hähnel Mitte der 80er-Jahre auf?**

Elvis

Heino

Gottlieb Wendehals

Vader Abraham

15 **Welchem Krimischriftsteller erweist Umberto Eco durch seinen Protagonisten in seinem Roman *Der Name der Rose* eine Reverenz?**

Edgar Allen Poe

Sir Arthur Conan Doyle

Georges Simenon

Raymond Chandler

16 **Zu Ehren welcher Künstlerin wurde am 22. April 1985 in Köln ein Museum eröffnet?**

Hannah Höch

Paula Modersohn-Becker

Käthe Kollwitz

Frida Kahlo

13 Der erste Bau des königlichen Hoftheaters in Dresden, 1841 von Gottfried Semper fertiggestellt, wurde bereits nach 28 Jahren durch einen Brand zerstört. Semper entwarf daraufhin ein zweites Theatergebäude, das von seinem ältesten Sohn gebaut und 1878 eingeweiht wurde. Dieses Bauwerk wurde bei dem großen britischen Luftangriff am 13. Februar 1945 zerbombt. Der Wiederaufbau begann 1977, und genau am 40. Jahrestag ihrer Zerstörung wurde die Semperoper wiedereröffnet. Geboten wurde Carl Maria von Webers *Der Freischütz* – die letzte Oper, die dort vor der Bombardierung aufgeführt worden war.

14 Der Berliner Sänger und Kneipier wurde durch seine Auftritte als »der wahre Heino« bekannt, die er im Vorprogramm der Toten Hosen bestritt. Mit aufgepeppten Heino-Klassikern und in einem zum Verwechseln ähnlichen Outfit begeisterte Hähnel das pogosüchtige Publikum. Dem echten Heino missfiel diese anmaßende Parodie, und er erwirkte eine einstweilige Verfügung gegen Hähnel. Das gegen Hähnel verhängte Ordnungsgeld in Höhe von 10 000 DM sowie die Kosten für seinen Anwalt spielten die Toten Hosen durch ein Benefizkonzert für den Parodisten ein. Der soll das Geld gerne genommen, statt die Strafe zu zahlen, jedoch lieber die verhängte Ordnungshaft abgesessen haben.

15 Ecos erfolgreicher Roman aus dem Jahr 1980 enthält nicht nur eine Fülle von Anspielungen und direkten Verweisen auf historische Ereignisse und Werke sowie auf Diskurse der Geistesgeschichte. Es ist überdies ein postmoderner Genremix, der neben typischen Elementen des historischen Romans v. a. auch Merkmale des klassischen Kriminalromans aufweist. Der Franziskanermönch William von Baskerville, der den mysteriösen Morden in einer Benediktinerabtei nachspürt, ist ein Detektiv, wie er im Buche steht. Mit dem Namen der Figur nimmt Eco Bezug auf Conan Doyles Krimiklassiker *Der Hund von Baskerville*.

16 Am 40. Todestag der Künstlerin Käthe Kollwitz wurde in Köln das erste Museum für ihre Werke eröffnet. Als eine der bekanntesten deutschen Künstlerinnen schuf Kollwitz neben Lithografien und Radierungen auch Kupferstiche und Holzschnitte und war vorübergehend auch als Bildhauerin tätig. Das Kölner Käthe-Kollwitz-Museum besitzt inzwischen die umfangreichste Sammlung von Werken der Künstlerin: Neben dem kompletten plastischen Werk beherbergt es 270 Zeichnungen und rund 500 druckgrafische Blätter sowie alle Plakate.

Kunst & Kultur

17 Wie hieß der Titelsong zu dem französischen Teenie-Kultfilm *La Boum – Die Fete*, mit dem Sophie Marceau 1980 bekannt wurde?

Joe Le Taxi

Reality

Désenchantée

Hello

18 Welchem Künstler wird das Gemälde *Der Mann mit dem Goldhelm* seit März 1986 nicht mehr zugeschrieben?

Rembrandt van Rijn

Leonardo Da Vinci

Jan Vermeer

Peter Paul Rubens

19 Welchem Star widmeten Die Ärzte einen Song?

Romy Schneider

Marilyn Monroe

Grace Kelly

Sophia Loren

20 In welcher deutschen Stadt wurde 1988 ein modifizierter Nachbau des Shakespeare'schen *Globe Theatre* eingeweiht, der bis heute regelmäßig bespielt wird?

Neuss

Schwäbisch Hall

Rheda-Wiedenbrück

Bonn

17 Wer auf der Tanzfläche gerne mal hingebungsvoll schmusen wollte, dem kam Richard Sandersons Stehblues-Hit *Reality* gerade recht. Allerdings wurde er in Deutschland erst durch die TV-Ausstrahlung des Films 1987 so richtig populär: Da erreichte er Platz eins der deutschen Charts. *Joe le Taxi* war 1987 der erste große Hit von Vanessa Paradis. *Désenchantée* sang 1991 die Kanadierin Mylène Farmer, bevor Kate Ryan 2001 daraus einen noch größeren Hit machte, und *Hello* ist der 1984er-Hit des Schmuse-Barden Lionel Ritchie.

18 Anfang der 80er-Jahre waren Experten bei einer Reinigung des Bildes *Der Mann mit dem Goldhelm* einige Ungereimtheiten aufgefallen, die eine genauere Untersuchung nach sich zogen. 1986 wurde dann von den Staatlichen Museen Preußischer Kulturbesitz bekannt gegeben, dass das Gemälde doch nicht, wie lange angenommen, von dem niederländischen Maler und Grafiker Rembrandt van Rijn stammt, sondern wahrscheinlich von einem seiner Schüler angefertigt wurde. Die Berühmtheit des Werkes aus dem 17. Jahrhundert, das in der Berliner Gemäldegalerie am Kulturforum Potsdamer Platz gezeigt wird, litt darunter allerdings nicht.

19 Der von Farin Urlaub komponierte und getextete Song *Grace Kelly* erschien 1983 zusammen mit *Teenager Liebe*, *Teddybär* und *Anneliese Schmidt*, die den anti-mondänen Kontrapunkt zur Fürstin von Monaco setzt, auf der Single-EP *Zu schön, um wahr zu sein!*. In dem Lied klagt der Sänger, der sich als heimlicher Liebhaber von Grace Kelly ausgibt, über deren Unfalltod, der sie ereilte, als sie angeblich von einem Schäferstündchen mit ihm zurück zu ihrem Mann fuhr. Die 1982 gegründete Berliner Fun-Punk-Band tourte seinerzeit unablässig durchs Land und schuf sich so eine stetig wachsende treue Fangemeinde.

20 Nach einer Idee des Theatermachers Reinhard Schiele wurde anlässlich der Landesgartenschau 1988 in Rheda-Wiedenbrück der erste Nachbau eines elisabethanischen Theaters in Europa fertiggestellt. Nach den Aufführungen zur Bundesgartenschau blieb das Haus zwei Jahre lang ungenutzt, bevor es 1991 auf das Gelände der Neusser Galopprennbahn kam, wo seitdem jährlich ein Shakespeare-Festival stattfindet. In Schwäbisch Hall steht seit 2000 ein weiterer Nachbau des Globe Theatres. Mit der Rekonstruktion der originalen Shakespeare-Bühne in London wurde 1987 begonnen, eröffnet wurde sie allerdings erst 1997.

Kunst & Kultur

21 Wie heißt das letzte Studioalbum der schwedischen Popgruppe ABBA?
Waterloo
The Visitors
ABBA Gold
Money, Money, Money

22 Wer hatte in dem Horror-Klassiker *A Nightmare On Elm Street* seinen ersten Filmauftritt?
Tom Cruise
Johnny Depp
Brad Pitt
Keanu Reeves

23 Welche Schriftstellerin heißt mit bürgerlichem Namen Netty Reiling?
Luise Rinser
Anna Seghers
Christa Wolf
Irmtraud Morgner

24 Wer sang den Anti-Rüstungssong *Wir wollen Sonne statt Reagan?*
Christian Ströbele
Joseph Beuys
Inge Meisel
Rudolf Bahro

21 Das letzte Studioalbum der erfolgreichen vierköpfigen Band aus dem hohen Norden, das es bis auf Platz eins der deutschen Albumcharts schaffte, erschien 1981 unter dem Titel *The Visitors*. Etwa ein Jahr später trennte sich ABBA nach knapp zehn Jahren gemeinsamer Arbeit. Nachdem sich die Ehepaare Agnetha Fältskog und Björn Ulvaeus sowie Anni-Frid Lyngstad und Benny Andersson hatten scheiden lassen, war auch die gemeinsame Arbeit für die Musiker schwierig geworden. Im Dezember 1982 kündigten sie zwar zunächst nur eine Pause an, kamen anschließend aber nie mehr als Band zusammen.

22 Eines der ersten Opfer von Kult-Serienmonster Freddy Krueger war Johnny Depp. Der damals gerade 20-Jährige hatte eigentlich nur einen Freund zum Casting begleitet, war dort aber selbst von Wes Craven für die Rolle des Glen Lantz engagiert worden. Später wurde Depp durch die Serie *21 Jump Street* bekannt, bevor er mit Filmen wie *Edward mit den Scherenhänden*, *Don Juan de Marco*, *Chocolat* und *Fluch der Karibik* zu einem der erfolgreichsten Filmschauspieler Hollywoods avancierte.

23 Am 19. November 1900 wurde die später als Anna Seghers berühmt gewordene Autorin in Mainz geboren. 1925 heiratete Netty Reiling und hieß fortan Netty Radványi, den Künstlernamen Anna Seghers gab sie sich erst mit Veröffentlichungen in den Jahren 1927 und 1928. Nach einer Verhaftung durch die Gestapo flüchtete die jüdische Kommunistin ins Exil zunächst nach Frankreich und später nach Mexiko, wo sie ihre berühmten Romane *Das siebte Kreuz* und *Transit* schrieb. Nach dem Krieg lebte Seghers in der DDR und war von 1952 bis 1978 Präsidentin des ostdeutschen Schriftstellerverbandes. Sie verstarb am 1. Juni 1983 in Ost-Berlin.

24 Mit dem inhaltlich bemerkenswert naiven, anti-amerikanischen Song *Wir wollen Sonne statt Reagan* gab der renommierte Künstler Joseph Beuys im Frühjahr 1982 im für ihn neuen Medium sein politisches Statement zur internationalen Sicherheitslage und zum Wettrüsten ab. Musikalisch begleitet wurde der wahrlich nicht begnadete Sänger, der nur gelegentlich den richtigen Ton traf, von der Kölschrockgruppe BAP, die damals kurz vor ihrem bundesweiten Durchbruch stand. Beuys war ebenso wie der DDR-Dissident Rudolf Bahro Gründungsmitglied der Grünen.

Kunst & Kultur

25 Als Frontmann welcher Punkband wurde Billy Idol bekannt?

Shame 69

Exploited

The Damned

Generation X

26 Wer spielte den Winston Smith in der Verfilmung von George Orwells Roman *1984*?

Richard Burton

Anthony Hopkins

Jeremy Irons

John Hurt

27 Welches Bauwerk verhüllten Verpackungskünstler Christo und Jean-Claude 1985 in Paris?

Eiffelturm

Pont Neuf

Notre-Dame

Louvre

28 Wer veröffentlichte 1988 mit *Eine kurze Geschichte der Zeit* einen Bestseller zu Erkenntnissen über Zeit, Raum, Schöpfungstheorien und die Erforschung des Weltalls?

Eugen Drewermann

Stephen W. Hawking

Carl Friedrich von Weizsäcker

Carl Sagan

25 Billy Idol, der eigentlich William Broad heißt und in den 80ern als Solokünstler außerordentlich erfolgreich war, stellte eindrucksvoll unter Beweis, dass Punk sowohl ästhetisch als auch musikalisch nicht mehr zum Underground gehörte, sondern ein Mainstream-Phänomen geworden war: Punk war nun Pop. Mit seiner blonden Stachelmähne, der kettenverzierten Lederkluft und den provokanten Gesten zitierte er gewissermaßen aus dem ästhetischen und habituellen Repertoire seiner Band Generation X, die 1976 als Punkband gegründet wurde. Idols Pop-Karriere begann 1982 mit seinem Soloalbum *Rebell Yell.*

26 Die Verfilmung des Langzeit-Bestsellers *1984* kam im Orwell-Jahr 1984 in die Kinos. Die Hauptrolle des Winston Smith spielte John Hurt, Richard Burton mimte den Gegenspieler O'Brien. Die Schreckensvision vom totalen Überwachungsstaat, personifiziert in der Gestalt des »großen Bruders«, stellte George Orwell, der in dem Roman Erfahrungen mit totalitären Regimen verarbeitete, im Jahr 1948 fertig. Indem er zur Festlegung der Handlungszeit die Ziffern der damaligen Jahreszahl schlicht in der Reihenfolge umdrehte, wollte er deutlich machen, dass seine Vision in nicht allzu ferner Zukunft Wirklichkeit werden könnte.

27 Am 22. September 1985 vollendete das Künstlerehepaar Christo und Jeanne-Claude die Verhüllung der historischen Seine-Brücke Pont Neuf, über die das Künstlerehepaar neun Jahre lang mit dem Pariser Bürgermeister Jacques Chirac verhandelt hatte. Über 40 000 Quadratmeter sandsteinfarbenes Gewebe wurden binnen vier Wochen um die Brücke gewickelt und von Seilen und Stahlketten gehalten, damit der Straßenverkehr nicht behindert wurde. Anfang Oktober wurde die Verhüllung bereits wieder entfernt. 1995 verhüllte das Künstlerehepaar das Reichstagsgebäude in Berlin.

28 Der vielfach ausgezeichnete Physiker Stephen Hawking hielt sich mit *A Brief History of Time* länger auf der Bestsellerliste der Sunday Times als je ein Autor zuvor: 237 Wochen. Das Buch wurde in mehr als 40 Sprachen übersetzt und – bei regelmäßiger Überarbeitung und Aktualisierung – annähernd zehn Millionen Mal verkauft. Hawking setzt sich darin in auch für Laien leicht verständlicher Form mit der Rolle der Zeit auseinander, ihrem Verhältnis zum Raum, mit Schwarzen Löchern, der Unschärferelation – und der Frage nach Anfang und Ende unseres Universums.

Kunst & Kultur

29 Welche deutsche Sängerin nahm mit *Japan ist weit* eine deutsche Coverversion des Alphaville-Hits *Big in Japan* auf?

Gitte
Sandra
Andrea Jürgens
Jule Neigel

30 Welche historische Persönlichkeit machte Sten Nadolny zum Protagonisten seines Romans *Die Entdeckung der Langsamkeit?*

John Franklin
Mungo Park
Ernest Shackleton
James Cook

31 Wer schrieb den Soundtrack zu Tim Burtons *Batman*-Verfilmung aus dem Jahr 1989?

Michael Jackson
Jimmy Somerville
U2
Prince

32 Welcher 1985 verstorbene Künstler gestaltete die berühmten blauen Fenster der Mainzer Stephanskirche?

Salvador Dalí
Joan Miró
Oskar Kokoschka
Marc Chagall

29 Die 1962 in Saarbrücken geborene Sandra Ann Lauer stieg im Sommer 1979 bei dem deutschen Mädchentrio Arabesque ein, dem in Europa nie der Durchbruch gelang, das dafür aber in Japan sagenhaft erfolgreich war. Kein Erfolg hingegen war die erste Single *Japan ist weit* der jungen Sängerin, die unter ihrem Vornamen 1984 eine Solokarriere startete. Schon mit ihrer zweiten Single *(I'll never be) Maria Magdalena* landete sie allerdings einen Welthit, der in 21 Ländern die Hitparaden anführte. Produziert wurde Sandra von ihrem späteren Ehemann Michael Cretu und von Hubert Kah.

30 Der deutsche Schriftsteller Sten Nadolny machte den englischen Seeoffizier und Polarforscher Sir John Franklin zum Helden seines 1983 erschienenen Romans, wobei er historisch verbürgte biografische Fakten mit fiktiven Elementen mischte. Erfunden ist z. B. Franklins charakteristische Langsamkeit, die ihn zu besonderen Leistungen befähigte. Er kam bei der Suche nach der Norwestpassage ums Leben. Den schottischen Afrikaforscher Mungo Park, der den Lauf des Niger erkundete, machte T. C. Boyle zum Protagonisten seines teils herrlich grotesken Entdeckerromans *Wassermusik,* der 1987 auf Deutsch herauskam.

31 Ursprünglich war Michael Jackson als Soundtrack-Komponist verpflichtet worden, der ging jedoch mit seiner *Bad*-Tournee in die Verlängerung und musste absagen. Auf diese Weise kam Prince zum Zuge, der von seinem *Batman*-Album schließlich mehr als sieben Millionen Exemplare verkaufen konnte. Überhaupt entwickelte sich der Film zum Erfolg für Zweitbesetzungen: Statt Pierce Brosnan spielte Michael Keaton die Titelrolle, Kim Basinger ersetzte die verletzte Sean Young, und Jack Nicholson als Bösewicht Joker hatte so prominente Konkurrenten wie Tim Curry oder Robin Williams aus dem Feld geschlagen.

32 Ab 1978 schuf der Surrealist Marc Chagall insgesamt neun Chorfenster der Mainzer Pfarrkirche St. Stephan. Sie stellen biblische Gestalten in unterschiedlichen Blautönen dar – Blau, da Chagall diese Farbe mit Transzendenz assoziierte. Angetragen wurde Chagall die Arbeit an den Kirchenfenstern vom damaligen Pfarrer von St. Stephan, Klaus Mayer, der mit dem Künstler befreundet war und mit den Fenstern ein Zeichen der Versöhnung zwischen Christen und Juden setzen wollte. Nach Chagalls Tod am 28. März 1985 beendete Chagalls Schüler Charles Marq die Arbeit an den Fenstern.

Kunst & Kultur

33 **Welchen Musiker versuchte *Rockpalast*-Initiator Peter Rüchel vergeblich auf eine seiner Bühnen zu bringen?**
Bob Dylan
Bruce Springsteen
Paul McCartney
Michael Jackson

34 **Die Kriminalromane welcher amerikanischen Schriftstellerin spielen zum Teil in dem fiktiven, alle Klischees über britische Wohnkultur vereinenden Dorf Long Piddleton?**
Elizabeth George
Patricia Cornwell
Martha Grimes
Sara Paretsky

35 **Wer gewann in den 80er-Jahren gleich zweimal den *Grand Prix Eurovision de la Chanson?***
Udo Jürgens
Johnny Logan
Céline Dion
Nicole

36 **Welcher Künstler gilt als Hauptvertreter der Graffiti-Art?**
Keith Haring
Sigmar Polke
Roy Lichtenstein
A. R. Penck

33 Der Musikjournalist Peter Rüchel erfand zusammen mit Moderator Christian Wagner die ab 1976 vom WDR produzierte Musiksendung; die aus der Essener Grugahalle live im Fernsehen übertragenen Rocknächte fanden von 1977 bis 1986 statt. Als großer Springsteen-Fan hatte Rüchel mehrfach versucht, den »Boss« für den *Rockpalast* zu gewinnen, doch der ließ sich vergeblich bitten. Stattdessen konnte Rüchel immerhin den Gitarristen von Springsteens E-Street-Band, Steven van Zandt, auf die *Rockpalast*-Bühne holen: Little Steven and the Disciples of Souls spielten 1982 in der Grugahalle und 1984 auf der Loreley.

34 Schon ihr erster Fall – erschienen 1981 – führt Inspektor Jury und seinen hypochondrischen Assistenten Sergeant Wiggins in das kleine Vorzeigedorf in Northamptonshire, wo sie bald ihren späteren Freund und Helfer Melrose Plant kennenlernen, einen Adeligen, der seinen Titel abgelegt hat, weil er ihm zu lästig wurde, sowie andere schräge Figuren, die oft an Gestalten klassischer britischer Krimiautorinnen erinnern. Erdacht hat sie die 1931 im amerikanischen Pittsburgh geborene Autorin Martha Grimes. Elizabeth George ist bekannt für ihre Romane um Sir Thomas Lynley und seine Assistentin Barbara Havers. Cornwells und Paretskys Krimis mit ihren jeweils hartgesottenen Protagonistinnen spielen in Amerika.

35 Der Grand Prix bescherte dem 1954 geborenen Iren Johnny Logan seine größten Erfolge. 1980 siegte er in Den Haag mit dem Titel *What's Another Year*, und 1987 wiederholte er diesen Triumph bei seiner zweiten Teilnahme in Brüssel mit *Hold me now*. 1992 schaffte Logan es noch einmal indirekt aufs Siegertreppchen: als Komponist des Gewinnertitels *Why me*, mit dem seine Landsmännin Linda Martin den Wettbewerb für sich entschied.

36 Der 1958 geborene amerikanische Maler zog nach seinem Coming-out 1978 der lebendigen Schwulenszene wegen nach New York. Beeinflusst wurde Haring dort vor allem durch die Graffiti-Kunst. Er bemalte Werbetafeln in U-Bahnen und Gebäudewände, bevor er 1985 begann, auf Leinwand zu malen. Seine Figuren, die oft in homoerotischen Posen dargestellt sind, erinnern teils an Comiczeichnungen. Haring engagierte sich in verschiedenen Kampagnen zur Aids-Aufklärung und -forschung und gründete 1989 eine eigene Aids-Stiftung zur Unterstützung aidserkrankter Kinder. Er starb am 16. Februar 1990 an Aids.

Kunst & Kultur

37 Wer sprach 1988 den Prolog zu Udo Jürgens' *Gehet hin und vermehret Euch*
und referierte dabei die beunruhigende Entwicklung der Weltbevölkerung?

Wilhelm Wieben

Friedrich Nowotny

Ulrich Wickert

Hanns Joachim Friedrichs

38 Welcher russische Schriftsteller und Germanist wurde 1981 aus der Sowjetunion
ausgebürgert?

Boris Pasternak

Alexander Solschenizyn

Andrei Sacharow

Lew Kopelew

39 Wer setzte allen Herbergsvätern dieser Welt ein musikalisches Denkmal?

Hubert Kah

Andreas Dorau

Joachim Witt

Stefan Remmler

40 Wofür erhielt Heiner Müller 1985 unter anderem den Georg-Büchner-Preis?

unwiderstehliche Theaterarbeit

unanständige Theaterarbeit

unbequeme Theaterarbeit

unangenehme Theaterarbeit

37 Jürgens war es gelungen, für die knapp einminütige Einführung zu seinem vatikankritischen Lied die markante Stimme eines der bekanntesten deutschen Fernsehjournalisten seiner Zeit zu gewinnen: Hanns Joachim Friedrichs. Der ehemalige Sprecher der *heute*-Nachrichten wechselte 1985 zur ARD und moderierte dort bis 1991 die *Tagesthemen*. Nach seinem Tod im Jahr 1995 wurde eine gemeinnützige Stiftung ins Leben gerufen, die jährlich einen nach Friedrichs benannten Preis für journalistische Arbeit vergibt.

38 Der promovierte Germanist Lew Kopelew kam als Kriegsfreiwilliger im Zweiten Weltkrieg nach Deutschland. Nach dem Krieg wurde er u. a. wegen »Mitleid mit dem Feind« zu zehn Jahren Arbeitslager verurteilt und kam erst 1954 frei. Kopelew wurde rehabilitiert und arbeitete wieder als Literaturwissenschaftler, bis er wegen seines Protests gegen die Niederschlagung des Prager Frühlings erneut in Ungnade fiel und mit einem Schreibverbot belegt wurde. Während einer Deutschlandreise, zu der Heinrich Böll ihn eingeladen hatte, wurde Kopelew ausgebürgert und lebte fortan in Köln.

39 Joachim Witt hatte bereits in den 70ern eine Karriere als Sänger und Mitglied der Band Duesenberg gestartet, doch erst im Zuge der Neuen Deutschen Welle gelang ihm mit seinem Hit *Der goldene Reiter* von seinem 1981er-Debütalbum *Silberblick* der Durchbruch. Auf seiner zweiten LP *Edelweiss* von 1982 war der dadaistisch anmutende Song *Herbergsvater (Tri Tra Trulala)* zu hören, der sich inhaltlich auf die endlos repetierte Aussage konzentrierte »Ich bin euer Herbergsvater und sage Hey, Hey«. In den späten 90ern feierte Witt mit düsteren, harten Liedern wie *Die Flut* ein Comeback.

40 Der Georg-Büchner-Preis wurde 1985 von der Deutschen Akademie für Sprache und Dichtung an Heiner Müller vergeben. Er erhielt die Ehrung für sein dramatisches Werk und seine »unbequeme Theaterarbeit, mit der er das zeitgenössische Theater und sein Publikum unnachgiebig provoziert«, so die Begründung der Jury. Müller, der 1995 in Berlin starb, war in seiner ostdeutschen Heimat wegen seiner kritischen Werke aus dem Schriftstellerverband ausgeschlossen worden. Viele Stücke von Müller durften in der DDR nicht aufgeführt werden, sodass es zu zahlreichen Uraufführungen an bundesdeutschen Theatern kam.

Kunst & Kultur

41 **Welches Werk von Vincent van Gogh wurde 1987 für umgerechnet 72,5 Millionen DM versteigert?**

Die Brücke von Langlois

Sonnenblumen

Das Nachtcafé

Sternennacht

42 **Wer kündigte die Kölner Band BAP bei einem deutschlandweit ausgestrahlten Konzert peinlicherweise als B–A–P an?**

Peter Rüchel

Albrecht Metzger

Alan Bangs

Stefanie Tücking

43 **Wie heißt das Hunsrücker Dorf, in dem das Filmepos *Heimat* spielt?**

Woppenroth

Gehlweiler

Schabbach

Riesweiler

44 **Wie heißt das populärste deutsche Musical nach der *Dreigroschenoper*, das 1986 uraufgeführt wurde?**

Bahnhof Zoo

Linie 1

Kreuzberger Nächte

Berlin, Berlin

9 Die deutsche Punk-Band ZK (Zentralkomitee) wurde 1978 u.a. von Andreas Frege, genannt Campino, gegründet. Seit 1980 gehörte der Gitarrist Andreas »Kuddel« von Holst mit zur Besetzung. Gemeinsam mit ihnen gründeten der ZK-Roadie Andreas Meurer, der fortan Bass spielen sollte, der Drummer Trini Trimpop und Michael Breitkopf 1982 die Toten Hosen, die aufgrund eines Druckfehlers für ihr erstes Konzert übrigens als »Die toten Hasen« angekündigt wurden. Nach den Singles *Wir sind bereit*, *Eisgekühlter Bommerlunder* und *Reisefieber* erschien 1983 mit *Opelgang* ihre erste Langspielplatte.

10 Ridley Scott drehte seinen Film *Blade Runner* nach dem in der Frage genannten Roman von Philipp K. Dick, ging dabei jedoch sehr frei mit dem literarischen Vorbild um. Der Film mit Harrison Ford in der Hauptrolle hatte an der Kinokasse gegen den fast gleichzeitig startenden Science-Fiction-Hit *E. T.* zunächst keine Chance, entwickelte sich später – insbesondere auf dem Video-Markt – jedoch zum Dauerbrenner. Philipp K. Dick starb nur wenige Monate, bevor der Film in die Kinos kam.

11 *Das Geisterhaus*, 1982 erstmals veröffentlicht, ist das Erstlingswerk der chilenischen Schriftstellerin, einer Nichte zweiten Grades des ehemaligen chilenischen Präsidenten Salvador Allende, der bei dem Militärputsch von Augusto Pinochet ums Leben kam. Der Roman ist stark autobiografisch geprägt und enthält viele historische Bezüge. Er erzählt die Geschichte zweier großbürgerlicher chilenischer Familien von den 1930er-Jahren bis zum Militärputsch in den 70ern. Wie die Romanheldin Blanca Garcia musste auch die inzwischen in den USA lebende Allende 1975 aus Chile fliehen.

12 Der 1940 in Liverpool geborene John Lennon wurde am 8. Dezember 1980 im Alter von nur 40 Jahren von dem psychisch gestörten Attentäter Mark Chapman erschossen. Der Mord ereignete sich in New York vor dem Dakota Building, in dem John Lennon und seine Frau Yoko Ono ein Appartement besaßen. Chapman hatte bereits Stunden zuvor John Lennon an derselben Stelle abgepasst und sich von ihm das Album *Double Fantasy* signieren lassen. Als Lennon um 22:48 Uhr von seinem Fahrer zu Hause abgesetzt wurde, erschoss Chapman ihn aus sechs Meter Entfernung. Kurze Zeit später erlag der Sänger seinen schweren Verletzungen.

Kunst & Kultur

45 **Welcher deutsche Film erhielt 1980 den Oscar in der Kategorie bester fremdsprachiger Film?**

Angst essen Seele auf

Das Boot

Die Blechtrommel

Die verlorene Ehre der Katharina Blum

46 **Welches Musikmagazin wurde 1980 in Köln gegründet?**

Sounds

Musikexpress

Rolling Stone (dt. Ausgabe)

Spex

47 **Wer erhielt 1983 den Nobelpreis für Literatur?**

Elias Canetti

William Golding

Heinrich Böll

Toni Morrison

48 **Wer initiierte das Projekt *Artists United Against Apartheid*?**

Bono

Peter Gabriel

Bob Geldof

Steven van Zandt

45 Ausgezeichnet in Cannes und in Hollywood, ist *Die Blechtrommel* – die Verfilmung des gleichnamigen Romans von Günter Grass – der größte Erfolg des Regisseurs Volker Schlöndorff. Nie zuvor hatte ein deutscher Film den Oscar gewonnen, und es sollte 20 Jahre dauern, bis sich dieses Ereignis in derselben Kategorie wiederholte. Dann ging die Trophäe aber auch gleich zweimal innerhalb kurzer Zeit nach Deutschland: 2003 für Caroline Links *Nirgendwo in Afrika* und 2007 für Florian Henckel von Donnersmarcks *Das Leben der Anderen*. Zuvor hatten nur noch die Brüder Christoph und Wolfgang Lauenstein 1989 einen Oscar für *Balance* in der Kategorie bester animierter Kurzfilm erhalten.

46 Das von den Musikjournalisten Clara Drechsler, Dirk Scheuring und Gerald Hündgen sowie dem Künstler Peter Bömmels gegründete Musikmagazin Spex befasste sich vorrangig mit der Underground-Szene, der Punk-Kultur und der aufkeimenden Neuen Deutschen Welle. Das Blatt war so independent wie die Bands, die darin vorgestellt wurden. Eine Auffrischung erfuhr das Magazin durch Autoren wie Diedrich Diedrichsen, die vom Magazin Sounds nach dessen Zusammenlegung mit dem Musikexpress im Jahr 1983 zur Spex kamen.

47 Der Brite William Golding wurde 1983 mit dem seit 1901 verliehenen Preis ausgezeichnet. Sein erstes und gleichzeitig bedeutendstes Werk *Lord of the Flies* erschien in Großbritannien bereits 1954, die deutsche Übersetzung kam 1956 unter dem Titel *Herr der Fliegen* heraus. Der Roman erzählt von einer Gruppe englischer Schüler, die sich allein auf einer unbewohnten Insel durchschlagen müssen. Das Werk wurde 1963 von Peter Brook und 1990 noch einmal von Harry Hook verfilmt. Heinrich Böll erhielt den Literatur-Nobelpreis 1972, Elias Canetti 1981 und Toni Morrison 1993.

48 Der Gitarrist von Bruce Springsteens E-Street Band, der zwischenzeitlich auch immer wieder Soloprojekte initiierte, gründete 1985 die Initiative *Artists United Against Apartheid*, um gegen das unmenschliche südafrikanische Apartheidsregime im Allgemeinen und die Freizeit- und Vergnügungsanlage Sun City im Homeland Bophuthatswana im Besonderen zu protestieren. Indem internationale Künstler dort auftraten, legitimierten sie gewissermaßen die Rassentrennung. Mit dem Song *Sun City* erklärten zahlreiche Musiker, niemals in Sun City aufzutreten, u. a. Bob Dylan, Bruce Springsteen, U2, Ringo Starr und Run DMC.

Kunst & Kultur

49 Für welchen Film hatte die 1982 tödlich verunglückte Grace Kelly einen Oscar erhalten?

Zwölf Uhr mittags
Mogambo
Das Mädchen vom Lande
Die oberen Zehntausend

50 Wem widmete Popsänger Falco 1986 eine Rockhymne?

Johann Wolfgang von Goethe
Wolfgang Amadeus Mozart
Ludwig van Beethoven
Friedrich Schiller

51 Wie heißt der Song, mit dem die Kinobesucher seit 1980 in den Filmsälen zum Kauf von Eis aufgefordert wurden?

Ice, Ice Baby
Like Ice in the Sunshine
Cold as Ice
Coldfinger

52 Welche Neue-Deutsche-Welle-Band hat der »fünfte Beatle« Klaus Voormann entdeckt und produziert?

Ideal
Trio
Fehlfarben
Extrabreit

49 *Mogambo* brachte Grace Patricia Kelly zwar eine Nominierung für den Oscar ein, sie erhielt den begehrten Academy Award aber erst ein Jahr später, 1955, für ihre Darstellung der Gattin eines Alkoholikers in *Das Mädchen vom Lande* – im Original *The Country Girl*. Insgesamt drehte Kelly nur zwölf Filme, drei davon unter der Regie von Alfred Hitchcock. Im September 1982 verunglückte die inzwischen mit Fürst Rainier von Monaco verheiratete Gracia Patricia tödlich bei einem Autounfall. Ihre Tochter Prinzessin Stephanie überlebte schwer verletzt.

50 Falcos größter Hit war der seinem etwa 200 Jahre jüngeren Landsmann Mozart gewidmete Song *Rock me Amadeus*. Der gebürtige Österreicher, der mit bürgerlichem Namen Johann Hölzel hieß, hielt sich mit seinem Lied im Frühjahr 1986 sogar drei Wochen auf Platz eins der US-Charts – keinem anderen deutschsprachigen Titel ist dies jemals gelungen. Auch in England und Deutschland eroberte Falco den Spitzenplatz. Der Sänger starb am 6. Februar 1998 infolge eines schweren Autounfalls, bei dem ein Bus seinen Wagen rammte.

51 Holger-Julian Copp komponierte und sang *Like Ice in the Sunshine*, mit dem die Firma Langnese ab 1980 ihre Kinowerbung bestritt. Der dazugehörige Spot wurde lange Zeit unmittelbar vor dem Hauptfilm ausgestrahlt und erinnerte die Zuschauer daran, dass sie sich vor dem cineastischen Genuss bei den obligatorischen Bauchladenverkäufern noch einmal mit Süßigkeiten versorgen konnten. Der Song, der erst 1986 als Single erhältlich war, wurde bald auch mit vielen anderen Sangeskünstlern eingespielt, darunter so bekannte Namen wie Anastacia oder die No Angels.

52 Der Berliner Grafiker und Musiker Klaus Voormann lernte die Beatles 1960 in Hamburg kennen und freundete sich mit ihnen an. 1963 wohnte er sogar einige Monate lang mit den Pilzköpfen in London. Er gestaltete das Cover der *Revolver*-LP und wirkte bei etlichen Soloprojekten der Band in den 70ern als Bassist mit. Heimgekehrt nach Deutschland wurde er Musikproduzent und Talentscout. Zu seiner ersten Entdeckung zählte die ostfriesische Band Trio, deren erstes Plattencover lediglich der Bandname sowie ihre Telefonnummer und Anschrift im seither bekannten Dorf Großenkneten zierten. Voormann produzierte auch alle anderen Trio-Alben, bis sich die Band 1986 auflöste.

Kunst & Kultur

53 Wie heißt die Hauptfigur in dem Film *The Wall?*
Bobby Jean
Vera Lynn
Pink Floyd
Blue Diamond

54 Welche Sängerin war vor ihrer Solo-Karriere mit der Band Miami Sound Machine erfolgreich?
Cyndi Lauper
Gloria Estefan
Irene Cara
Jennifer Rush

55 Welcher Film löste Anfang der 80er-Jahre ein Comeback des Abenteuergenres aus?
Quatermain – Auf der Suche nach dem Schatz der Könige
Jäger des verlorenen Schatzes
Auf der Jagd nach dem grünen Diamanten
Piraten

56 Welche Band lieferte den Titelsong zu dem James-Bond-Film *Im Angesicht des Todes?*
a-ha
Duran Duran
Garbage
Dire Straits

53 In der Verfilmung des Pink-Floyd-Albums *The Wall* von 1982 spielt Bob Geldorf die Hauptfigur Pink Floyd. Das Album selbst wurde bereits 1979 in Großbritannien veröffentlicht und ist neben *Dark Side of the Moon* das kommerziell erfolgreichste der englischen Rockband. *The Wall* wurde fast komplett von Frontmann und Bassist Roger Waters geschrieben. Eine Besonderheit des Films sind die Zeichentricksequenzen, in denen u. a. marschierende Hämmer zu sehen sind und die Mauer, die sich um die Hauptfigur Pink schließt. *Another Brick in the Wall* war der obligatorische Song auf jeder Schülerfete in den 80er-Jahren.

54 Gloria Estefan hatte in der zweiten Hälfte der 70er-Jahre zusammen mit ihrem Mann Emilio die amerikanische Latino-Pop-Band Miami Sound Machine gegründet, doch erst nachdem sie statt spanischer Titel englische Disco-Nummern sangen, stellte sich Erfolg ein. *Dr. Beat* von 1984 und *Conga* von 1985 waren Riesenhits. 1987 wurde die Formation umbenannt in Gloria Estefan & The Miami Sound Machine, bevor die in Havanna geborene Sängerin ab 1989 als Solokünstlerin auftrat, allerdings bis heute begleitet von der Miami Sound Machine, deren Besetzung mehrfach wechselte.

55 *Jäger des verlorenen Schatzes* war 1981 der erste Teil von George Lucas' und Steven Spielbergs *Indiana-Jones*-Trilogie, der dem Abenteuergenre nach dem Abflauen des Publikumsinteresses nach den 50er-Jahren erneut zum Erfolg verhalf. Der schon durch die *Star-Wars*-Reihe mit Lucas und Spielberg erfolgreiche Harrison Ford mimt darin einen renommierten Archäologie-Professor, der sich persönlich auf die Suche nach der sagenumwobenen Bundeslade macht. Die *Quatermain*-Reihe mit Richard Chamberlain und die *Auf-der-Suche-nach...*-Filme mit Michael Douglas als Abenteurer versuchten, an diesen Erfolg anzuknüpfen.

56 *Im Angesicht des Todes*, Roger Moores siebter und letzter Bond-Film, kam 1985 in die Kinos. Den Titelsong, *A View to a Kill*, steuerte die damals sehr erfolgreiche britische Band Duran Duran bei, die damit als bis dahin einzige Interpreten eines James-Bond-Titelstückes an die Spitze der US-Charts kletterten – ein Erfolg, den danach weder a-ha mit *The Living Daylights* als Titelsong zu *Der Hauch des Todes* (1987) noch Garbage mit *The World Is Not Enough* 1999 für sich verbuchen konnten.

Sport

Sport in den 80ern

...das war ein Sonntag im Juli 85, als unser Bobele plötzlich in Wimbledon gewann. Wo um alles in der Welt lag Leimen? Und wo Brühl? Von dort kam Steffi Graf, die zwei Jahre später die Nummer eins im Damentennis war. Das war die Zeit, als man stundenlang Tennis schaute, mitfieberte und nur selten Gefahr lief, am Ende enttäuscht zu werden. Das war auch die Zeit, als Kati Witt nicht nur Eiskunstlaufinteressierte begeisterte und als Kristin Otto allen davonschwamm. Während in der DDR immer dieselben die Oberliga-Meisterschaft gewannen und immer mehr Spieler in den Westen flüchteten, war man dort mit der Nationalmannschaft anhaltend erfolgreich. Als der Kaiser dann das Ruder übernahm, konnte erst recht nichts mehr schiefgehen. Das galt nicht für die Rennstrecken dieser Welt. So mancher Autorennfahrer ließ dort sein Leben, doch einer, der auch nicht alt werden sollte, sorgte dafür, dass wir gespannt wie nie das Geschehen verfolgten: Ayrton Senna.

1 **Wen besiegte Boris Becker im Wimbledon-Finale am 7. Juli 1985?**
Johan Kriek
Kevin Curren
Mats Wilander
Ivan Lendl

2 **Wie gewann Larry Holmes den Schwergewichtsboxkampf gegen Muhammad Ali am 2. Oktober 1980 in Las Vegas?**
Sieg nach Punkten
KO
Technischer KO
Aufgabe

3 **Wen wählten die Leser der DDR-Zeitschrift Junge Welt 1984 zur Sportlerin des Jahres?**
Katarina Witt
Marita Koch
Heike Drechsler
Kristin Otto

4 **Wer machte Deutschland mit seinen beiden Endspieltreffern in Rom am 22. Juni 1980 zum Fußball-Europameister?**
Horst Hrubesch
Dieter Müller
Hansi Müller
Klaus Allofs

1 Der 17-jährige Deutsche gewann gegen den Südafrikaner Kevin Curren in vier Sätzen mit 6 : 3, 6 : 7, 7 : 6 und 6 : 4. Becker war nicht nur der bis dahin jüngste Wimbledonsieger, sondern auch der erste deutsche, und er war der erste ungesetzte Turnierteilnehmer, der in Wimbledon gewann. »Bum-Bum-Becker«, wie der neue Tennisstar ob seines Offensivspiels oft genannt wurde, hatte erst einen Monat zuvor in Queens sein erstes Turnier gegen Johan Kriek gewonnen. Matts Wilander besiegte er sechs Wochen später in Cincinnati, und Ivan Lendl verlor gegen den jungen Leimener 1986 zuerst in Chicago und dann drei Monate später in Wimbledon.

2 Holmes gewann den Kampf gegen den fast acht Jahre älteren Muhammad Ali durch technischen KO und konnte damit seinen Weltmeistertitel im Schwergewicht behalten, den er bereits seit Juni 1978 innehatte und noch bis September 1985 verteidigen sollte. Für Ali war damit der Traum von einem weiteren Weltmeistertitel geplatzt. In den USA ließ man ihn nach diesem Duell nicht mehr boxen. Alis letzter Kampf wurde deshalb 1981 auf den Bahamas ausgetragen. Auch ihn verlor er, diesmal gegen Trevor Berbick, und zwar klar nach Punkten. Als *The Drama in Bahama* ging dieses Duell in die Boxsportgeschichte ein.

3 Die Eiskunstläuferin Katarina Witt wurde 1984 an der Seite des Leichtathleten Uwe Hohn zur Sportlerin des Jahres gewählt (westdeutsche Pendants dieses Jahres waren Michael Groß und Ulrike Meyfarth). Die Leichtathletin Marita Koch erhielt die Auszeichnung 1978, 1979, 1982, 1983 und 1985, ihre Kollegin Heike Drechsler 1986 (sowie in der gesamtdeutschen Abstimmung noch einmal im Jahr 2000) und die Schwimmerin Kristin Otto 1988 und 1989.

4 Der HSV-Mittelstürmer Horst Hrubesch machte die deutsche Elf durch seine beiden Tore beim 2 : 1 im Finale gegen Belgien zum Europameister 1980. Der erlösende Kopfballtreffer fiel erst in der 89. Minute und bescherte dem seit 1978 amtierenden Bundestrainer Jupp Derwall seinen ersten großen Erfolg. Allerdings stellte auch die Vize-Europameisterschaft für den Fußballzwerg Belgien einen herausragenden Erfolg dar. Torschützenkönig der EM in Italien wurde übrigens Klaus Allofs mit drei Toren, gefolgt von Horst Hrubesch und anderen mit jeweils zwei. Nach 1972 war das der zweite Europameisterschaftstitel für die BRD.

5 **Welcher deutsche Schwimmer wurde auch »Albatross« genannt?**
Jörg Hoffmann
Michael Kraus
Michael Groß
Frank Pfütze

6 **Was schenkte der DFB den Fußballerinnen der Frauennationalmannschaft anlässlich ihres ersten Europameisterschaftssiegs 1989?**
Porzellanservice
5000 DM
Wellnesswochenende
VW Polo Fox

7 **Wer war der erfolgreichste Zehnkämpfer in den 80er-Jahren?**
Jürgen Hingsen
Dan O'Brien
Daley Thompson
Juri Kuizenko

8 **Durch den Sieg über welche Gegnerin wurde Steffi Graf erstmals die Nummer eins der Tennis-Weltrangliste?**
Martina Navrátilová
Pam Shriver
Gabriela Sabatini
Chris Evert

5 Wegen seiner stattlichen Körpergröße von 2,01 m und einer Arm-Spannweite von 2,13 m erhielt Michael Groß den Beinamen »Albatross«. Als erster deutscher Sportler wurde er viermal zum Sportler des Jahres gewählt: 1982, 1983, 1984 und 1988. Mit zwölf Welt- und 24 Europarekorden, fünf Weltmeister- und 13 Europameister-Titeln sowie mehreren olympischen Medaillen ist Michael Groß, der inzwischen eine PR-Agentur in Frankfurt leitet, der bis heute erfolgreichste deutsche Schwimmsportler überhaupt.

6 Nachdem die Nationalmannschaft der Frauen 1989 zum ersten Mal die Fußball-Europameisterschaft gewonnen hatte, schenkte der DFB jeder Dame ein Porzellanservice von Villeroy und Boch. Dieses auffallend häusliche und im Profisport gänzlich untypische Geschenk ist ein deutliches Indiz dafür, dass die Kombination von Frauen und Fußball zu dieser Zeit noch nicht wirklich ernst genommen wurde. Das Halbfinale 1989 war dann auch das erste Frauenfußballspiel, das live im deutschen Fernsehen übertragen wurde. Im Finale siegten die deutschen Damen gegen die Norwegerinnen vor 22 000 Zuschauern mit 4 : 1. Den ersten WM-Sieg errangen sie 2003 gegen Schweden.

7 Der 1958 geborene britische Zehnkämpfer Daley Thompson war mit zwei Olympiasiegen 1980 und 1984, einem Weltmeistertitel 1983 und zwei Europameistertiteln 1982 und 1986 seinerzeit der erfolgreichste Athlet in der Kombinationsdisziplin. Er stellte überdies vier Weltrekorde auf und schaffte es sogar, als erster Zehnkämpfer an drei Olympischen Spielen teilzunehmen. 1988 in Seoul wurde er aufgrund einer Verletzung allerdings nur Vierter. Seinen Dauerrivalen Jürgen Hingsen, der ihm bei allen bedeutenden Wettbewerben unterlag, nannte er provozierend »Hollywood-Hingsen«.

8 Am 17. August 1987 besiegte Steffi Graf im Finale des Tennisturniers von Manhattan Beach bei Los Angeles die Amerikanerin Chris Evert, die hinter Martina Navrátilová seinerzeit die Nummer zwei der Weltrangliste war. Durch diesen Erfolg übernahm die 18-jährige Deutsche die Führung in der Weltrangliste, die sie bis zum 10. März 1991 nicht mehr abgab. Im Verlauf ihrer Karriere, die sie Ende August 1999 mit ihrem Rücktritt beendete, stand sie insgesamt 377 Wochen auf Platz eins, Martina Navrátilová brachte es auf 331 Wochen, Chris Evert auf 262.

9 In welcher Sportart ging 1980 ein Duell zwischen den USA und der UdSSR
derart unerwartet aus, dass es als regelrechtes »Wunder« in die Geschichte
einging?
Basketball
Handball
Eishockey
Volleyball

10 Welcher Verein wurde in den 80er-Jahren viermal Deutscher Handballmeister?
VFL Gummersbach
TV Großwallstadt
TuSEM Essen
THW Kiel

11 Welcher auch in Westdeutschland berühmte DDR-Fußballer kehrte 1988 von
einem Besuch in der Bundesrepublik nicht mehr in seine Heimat zurück?
Matthias Sammer
Bernd Bransch
Jürgen Sparwasser
Hilmar Weilandt

12 Welche Tennisspielerin hält mit 86 Siegen und nur einer Niederlage im Jahr 1983
bis heute den Jahresrekord?
Steffi Graf
Chris Evert
Helena Suková
Martina Navrátilová

9 Bei den Olympischen Winterspielen 1980 in Lake Placid, USA, kam es zu einer Eishockeybegegnung zwischen der amerikanischen und der sowjetischen Mannschaft. Wie zur Zeit des Kalten Krieges üblich, ging es bei dieser direkten Begegnung der Großmächte um mehr als nur um Sport. Das amerikanische Team, das nur aus Collegestudenten und Amateurspielern bestand, hatte bei einem Vorbereitungsspiel gegen die haushoch favorisierten Russen mit 3 : 10 erwartungsgemäß verloren. Umso überraschender war der 4:3-Erfolg der USA gegen die UdSSR in der Medaillenrunde. Dieser Sieg wie auch der anschließende Goldmedaillengewinn der USA gingen als *Miracle on Ice* in die Sportgeschichte ein.

10 Mit vier Meistertiteln in den Jahren 1982, 1983, 1985 und 1988 war der VFL Gummersbach der erfolgreichste deutsche Handballverein der 80er, mit vier Titeln in Folge von 1973 bis 1976 hatten sie auch schon in den 70er-Jahren dominiert. Der TV Großwallstadt wurde 1980, 1981 und 1984 Meister, ebenso oft wie TuSEM Essen, die den Titel 1986, 1987 und 1989 errangen. Die große Zeit des THW Kiel begann erst mit dem Titelgewinn 1994, dem bis 2007 neun weitere folgten.

11 Das einzige Tor bei der Begegnung DDR – BRD im ersten Finalspiel der Fußball-WM 1974 fiel in der 77. Minute. Verantwortlich für den legendären Treffer, der die einzige Niederlage für die BRD bei dieser WM bedeutete, war der DDR-Kicker Jürgen Sparwasser, der danach ein hohes Ansehen in seinem Land genoss. Dass Sparwasser 1988 von einer Reise in die BRD nicht mehr zurückkehrte, schmälerte freilich das ideologische Kapital, das die SED-Führung aus seinem historischen Treffer schlug. Der fortan im Westen lebende Fußballer war von Mitte 1990 bis Ende 1991 Trainer beim Zweitligisten SV Darmstadt 98.

12 Den Rekord – der im Übrigen für Männer wie Frauen gleichermaßen gilt – hält Martina Navrátilová, die mit 74 Einzelsiegen in Serie, die sie 1984 erzielte, überdies die längste je im Tennis erreichte Siegesfolge für sich verbuchen kann. Erst Steffi Graf gelang es 1987, die gebürtige Tschechoslowakin, die 1981 die amerikanische Staatsbürgerschaft annahm, von Platz 1 der Weltrangliste zu verdrängen. Die mehrfach vom aktiven Sport zurückgetretene Navrátilová kehrte trotz aller gegenteiligen Beteuerungen immer wieder auf den Platz zurück und gilt als eine der erfolgreichsten Tennisspielerinnen aller Zeiten.

13 **Wo fanden die Olympischen Spiele statt, bei denen es Carl Lewis gelang, vier Goldmedaillen zu gewinnen?**
   Montreal
   Los Angeles
   Seoul
   Moskau

14 **Gegen welche Nation errang Deutschland 1988 seinen ersten Davis-Cup-Sieg?**
   Schweden
   USA
   Spanien
   Frankreich

15 **In welchem Jahr verunglückten innerhalb von drei Wochen die deutschen Autorennfahrer Manfred Winkelhock und Stefan Bellof?**
   1981
   1983
   1985
   1987

16 **Wer war als erster Mensch innerhalb eines Jahres an beiden Erdpolen?**
   Reinhold Messner
   Rüdiger Nehberg
   Arved Fuchs
   Thor Heyderdahl

13 Der erste Leichtathlet, der bei Olympischen Spielen vier Goldmedaillen gewann und damit Sportgeschichte schrieb, war James Cleveland »Jesse« Owens. Er erzielte diese außergewöhnliche Leistung bei den Olympischen Spielen 1936 in Berlin in den Disziplinen 100-m-Lauf, 200-m-Lauf, Weitsprung und 4×100-m-Staffel. Erst 1984 gelang es auch Carl Lewis, vier olympische Goldmedaillen zu erringen, und zwar bei den Spielen in Los Angeles. Der starke Raucher Owens starb am 31. März 1980 an Lungenkrebs. Die Olympischen Sommerspiele in Montreal, Moskau und Seoul wurden in dieser Reihenfolge in den Jahren 1976, 1980 und 1988 ausgetragen.

14 Das Davis-Cup-Finale fand nicht nur im schwedischen Göteborg statt, die gastgebenden Schweden waren am 17. Dezember 1988 auch die Endspielgegner der deutschen Mannschaft. Mit 4 : 1 sicherten Boris Becker, Carl-Uwe Steeb, Eric Jelen und Patrik Kühnen nach 88 Jahren erstmals den Titel für Deutschland – und wiederholten diesen Triumph im Folgejahr direkt noch einmal: Im Finale von Stuttgart besiegte die deutsche Davis-Cup-Mannschaft abermals die schwedischen Tenniskollegen.

15 Nahezu ungebremst prallte Manfred Winkelhock mit seinem Porsche 962 bei einem Sportwagen-Rennen am 11. August 1985 in der Nähe der kanadischen Stadt Toronto gegen eine Betonmauer; er starb am folgenden Tag. Ebenso wie Winkelhock war auch Stefan Bellof ein Formel-1-Pilot, der nebenher Sportwagenrennen fuhr. Am 1. September 1985 trat er zu einem 1000-km-Rennen auf der belgischen Rennstrecke Spa-Francorchamps an. Bei dem Versuch, seinen Kontrahenten Jacky Ickx in einer Kurve zu überholen, berührten sich die beiden Rennwagen, und Bellofs Porsche 956 knallte gegen einen Betonpfeiler. Der 27-Jährige war sofort tot.

16 Nachdem Arved Fuchs vergeblich versucht hatte, zu Fuß zum Nordpol zu gelangen, erreichte er sein Ziel nach einer Routenänderung über das grönländische Inlandeis 1983 im Kajak. Zu Fuß kam er dann doch noch 1989 mit der internationalen Expedition Icewalk an den Nordpol. Noch im selben Jahr gelangte er in einer mit Reinhold Messner durchgeführten Expedition zum Südpol; 2800 Kilometer legte er bei der Durchquerung der Antarktis zurück. Fuchs war der erste Mensch, dem diese beiden Extremleistungen binnen eines Jahres gelangen.

17 Welcher Trainer entdeckte und förderte Talente wie Oliver Kahn, Mehmet Scholl, Michael Sternkopf oder Oliver Kreuzer?

Christoph Daum
Winfried Schäfer
Otto Rehagel
Jupp Heynckes

18 Mit welchem Fahrzeug gewann Walter Röhrl 1984 die Rallye Monte Carlo?

Lancia 037 Rally
Peugeot 205 Turbo 16
Audi Sport quattro
Ford RS 200

19 Wo erlernte Skispringer Jens Weißflog sein Handwerk?

Oberwiesenthal
Garmisch-Partenkirchen
Obersdorf
Innsbruck

20 Welcher Boxer konnte 1987 erstmals die Titel der Boxverbände WBC, WBA und IBF gewinnen?

Michael Spinks
Tony Tucker
Evander Holyfield
Mike Tyson

17 Mit der Trainerverpflichtung von Winfried Schäfer im Jahr 1986 begann die erfolgreichste Phase in der Geschichte des Karlsruher SC, für den Schäfer von 1975 bis 1977 auch als Spieler auf dem Platz gestanden hatte. Neben den in der Frage genannten Spielern, die allesamt zu Bayern München gingen und dort große Erfolge feierten, war auch Jens Nowottny, der später zu Bayer Leverkusen wechselte, einer von Schäfers talentierten Jungprofis. Den Höhepunkt seiner zwölfjährigen Trainerkarriere beim KSC bildete das Erreichen des UEFA-Pokal-Halbfinales, aus dem die Badenser unglücklich ausschieden.

18 Walter Röhrl kam 1984 zu Audi, wo er sich zunächst an das Fahren mit dem Vierradantrieb des Quattro gewöhnen musste. Der Konkurrenz aus den Häusern Lancia und Peugeot war der auf einem Serienfahrzeug basierende Audi inzwischen eigentlich unterlegen, doch Röhrl hatte den Allradler schnell im Griff und gewann mit ihm 1984 die Rallye Monte Carlo – zum vierten Mal. 1980 hatte er sie bereits erfolgreich mit einem Fiat 131 Abarth bewältigt, 1982 mit einem Opel Ascona 400 und 1983 mit einem Lancia Rally 037.

19 Der in der Erzgebirgsgemeinde Pöhla aufgewachsene Jens Weißflog wurde später an der Kinder- und Jugendsportschule in Oberwiesenthal aufgenommen, die sich auf die sportliche Ausbildung des DDR-Nachwuchses im Bereich Wintersport spezialisiert hatte. Die harte Schule trug früh die ersten Früchte: Mit 19 Jahren holte Weißflog bei den Olympischen Winterspielen 1984 in Sarajewo einmal Gold und einmal Silber, zehn Jahre später in Lillehammer gewann er zwei Goldmedaillen. Über einen Zeitraum von zwölf Jahren lieferte er regelmäßig Höchstleistungen und wurde so zum erfolgreichsten deutschen Schanzenspringer aller Zeiten.

20 Der auch »Iron Mike« genannte Mike Tyson wurde im November 1986 WBC-Weltmeister (KO-Sieg gegen Trevor Berbick), ein Vierteljahr später WBA-Weltmeister (Punktsieg gegen James »Bonecrusher« Smith) und im August 1987 auch IBF-Weltmeister (Punktsieg gegen Tony Tucker). Das 21-jährige Boxtalent war damit unumstrittener Schwergewichts-Champion. Tyson verteidigte seine Titel über mehrere Jahre, sorgte in den 90ern allerdings auch außerhalb des Rings für Schlagzeilen, als er einmal wegen Vergewaltigung und einmal wegen Körperverletzung ins Gefängnis kam.

21 **Welcher Sportart widmete sich die Französin Michèle Mouton?**

Dressurreiten

Rallye

Boxen

Florettfechten

22 **Wer war die erste Nummer eins der 1986 neu eingeführten Golfweltrangliste?**

Tiger Woods

Severiano Ballesteros

Greg Norman

Bernhard Langer

23 **Gegen wen gewann Italien im WM-Finale 1982?**

Polen

Argentinien

Frankreich

Deutschland

24 **Welcher deutsche Schwimmer wurde 1986 Schwimmweltmeister über 400 m und 1500 m Freistil?**

Michael Groß

Rainer Henkel

Jörg Hoffmann

Dirk Richter

21 Die 1951 geborene Michèle Mouton war die bislang erfolgreichste Rallyefahrerin. Als erste Frau erzielte sie einen Gesamtsieg bei einem Rallye-Weltmeisterschaftslauf, das war 1981 mit ihrer Beifahrerin Fabrizia Pons auf einem Audi quattro bei der Rallye San Remo. Im folgenden Jahr unterlag sie Walter Röhrl nur knapp im Duell um die Fahrerweltmeisterschaft. 1985 gewann Mouton als erste Frau das legendäre Bergrennen zum Gipfel des Pikes Peak im US-Bundesstaat Colorado, wobei sie auch einen neuen Streckenrekord aufstellte. Seit 1988 organisiert sie das jährlich stattfindende *Race of Champions*.

22 Bernhard Langer gewann 1985 als erster deutscher Golfer die US Masters in Augusta. Als die Golfweltrangliste am 6. April 1986 erstmals aufgestellt wurde, stand er sofort auf Platz eins, gefolgt von dem Spanier Severiano Ballesteros, der ihn drei Wochen später allerdings überrundete. Langer gehört noch heute zu den 100 besten aktiven Profigolfern der Welt. Seit April 2005 führt der Amerikaner Tiger Woods die Golfweltrangliste an. Greg Norman stand in den 80er- und 90er-Jahren ebenfalls mehrmals an der Spitze.

23 Die deutsche Nationalelf unterlag dem italienischen Team von Enzo Bearzot beim Finale in Madrid deutlich mit 1:3, nachdem es zur Halbzeit 0:0 gestanden hatte. Paolo Rossi brachte die Italiener in der 56. Minute in Führung, woraufhin diese nach einer bis dahin ausgeglichenen Partie das Heft in die Hand nahmen. Tardelli und Altobelli erzielten die beiden anderen italienischen Treffer, Paul Breitner schoss das einzige Tor für die Deutschen, denen nach einem dramatischen Elfmeterschießen gegen Frankreich der Finaleinzug gelungen war. WM-Dritter wurden die Polen, die Frankreich 3:1 geschlagen hatten.

24 Rainer Henkel, der von 1989 bis 2001 mit der Hochspringerin Heike Henkel verheiratet war, holte sich den Titel über die beiden Strecken 1986 bei der Weltmeisterschaft in Madrid. Michael Groß, der vornehmlich kürzere Distanzen schwamm, wurde Weltmeister über 200 m Freistil und 200 m Schmetterling. Die bundesdeutschen Männer belegten mit vier Goldmedaillen bei der WM hinter den USA, die siebenmal Gold errangen, den zweiten Platz in der Gesamtwertung. Die Schwimmkarriere von Jörg Hoffmann begann erst Anfang der 90er-Jahre. Der DDR-Schwimmer Dirk Richter wurde 1982 Weltmeister über 100 m Rücken und 1983 auf der gleichen Strecke Europameister.

25 **Welche Schauspielerin machte Aerobic populär?**
Brigitte Nielsen
Tatum O'Neal
Ornella Muti
Jane Fonda

26 **Welcher DDR-Fußballverein gewann zehnmal hintereinander die Meisterschaft in der Oberliga?**
Berliner FC Dynamo
1. FC Lok Leipzig
Dynamo Dresden
1. FC Magdeburg

27 **Mit welchem Rennwagen wurde Ayrton Senna 1988 zum ersten Mal Formel-1-Weltmeister?**
McLaren-Honda
Ferrari
Williams-Renault
Benetton-Ford

28 **Warum wurde Jürgen Hingsen 1988 bei den Olympischen Spielen disqualifiziert?**
Er geriet unter Dopingverdacht.
Er leistete sich drei Fehlstarts in Folge.
Er verließ die Bahn.
Er verhielt sich unsportlich.

25 Aerobic ist eine spezielle Form des Fitnesstrainings, bei der die Ausbildung der Kondition im Vordergrund steht. Ein Trainer führt die aus einer Kombination von traditioneller Gymnastik und Tanz bestehenden Übungen vor und animiert die meist hinter ihm stehenden Teilnehmer, diese zu bewegungsanregender rhythmischer Popmusik nachzumachen. Jane Fonda gelang es, Aerobic als ihr Trainingskonzept zu vermarkten und ihm dadurch weltweit zum Durchbruch zu verhelfen. Neben Fonda war auch die Schauspielerin Sydne Rome mit dem Verkauf eigener Aerobic-Videos und internationalen Aerobic-Events erfolgreich.

26 So interessant wie der Ausgang der Volkskammerwahlen war in den 80er-Jahren die DDR-Meisterschaft im Fußball. Von 1979 bis 1988 dominierte der Berliner Fußballclub, der als Stasi-Club galt, das Geschehen. Da sich Stasi-Chef Erich Mielke dem Verein verbunden fühlte und der Verein eher politisch als sportlich geführt wurde, erfreute er sich trotz der unglaublichen Erfolge einer ebenso bemerkenswerten Unbeliebtheit. Mit der Wende kam der Absturz: Der BFC Dynamo, aus dem Spieler wie Falko Götz, Andreas Thom oder Thomas Doll hervorgingen, spielt heute in der Oberliga Nordost.

27 Der Brasilianer Ayrton Senna debütierte bereits 1984 in der Formel 1, doch seine großen Erfolge stellten sich erst 1988 ein, als er von Lotus zu McLaren wechselte. Die McLaren-Wagen wurden seit diesem Jahr mit Honda- anstatt wie zuvor mit TAG-Porsche-Motoren bestückt, wodurch der Rennstall der Konkurrenz weit überlegen war. Als Senna 1988 Weltmeister wurde, erlangte sein Teamkollege Alain Prost die Vizeweltmeisterschaft. 1990 und 1991 wurde Senna – ebenfalls mit McLaren-Honda – erneut Weltmeister. 1994 verunglückte er beim Rennen im italienischen Imola tödlich.

28 Der Zehnkämpfer Jürgen Hingsen stellte in seiner Disziplin 1982, 1983 und 1984 Weltrekorde auf. Seine Bestleistung beim dritten Weltrekord mit 8832 Punkten ist bis heute deutscher Rekord. Außerdem gewann er Silbermedaillen bei der WM 1983, bei der EM 1982 und 1986 sowie bei den Olympischen Spielen 1984. Die Olympischen Sommerspiele 1988 markieren allerdings den absoluten Tiefpunkt seiner Karriere. Schon bei der ersten Disziplin, dem 100-m-Lauf, patzte er mehr als einmal und wurde nach drei Fehlstarts disqualifiziert.

29 Wie hieß der Tischtennisspieler, mit dem zusammen Jörg Roßkopf zum ersten Mal Weltmeister im Doppel wurde?

Wladimir Samsonow

Steffen Fetzner

Engelbert Hüging

Ralf Wosik

30 Welchen Spitznamen erhielt der Rennfahrer Hans-Joachim Stuck?

Strietzel

Bergkönig

Stucki

Speedy Gonzales

31 In welcher Sportart holte Pasquale Passarelli eine Goldmedaille für Deutschland bei den Olympischen Spielen 1984 in Los Angeles?

Diskuswerfen

Ringen

Judo

Kugelstoßen

32 An welchen Sender verkaufte der DFB 1988 die Übertragungsrechte an den Bundesligaspielen?

RTLplus

DSF

SAT.1

ZDF

29 Jörg Roßkopf ist einer der besten deutschen Tischtennisspieler, dessen Karriere mit dem Weltmeistertitel im Doppel 1989 bei der Tischtennis-WM in Dortmund gerade erst begonnen hatte. Sein Doppelpartner war Steffen Fetzner, ein Vereinskollege bei der Borussia Düsseldorf, mit dem Roßkopf bereits drei Jahre zuvor im Doppel Jugend-Europameister geworden war. Roßkopf und Fetzner waren ein erfolgreiches Gespann: Allein sechs Mal wurden sie zwischen 1988 und 1996 deutscher Meister im Herren-Doppel. 1998 wurde Roßkopf an der Seite des Weißrussen Wladimir Samsonow Europameister im Doppel.

30 Der 1951 geborene Hans-Joachim Stuck, Sohn des legendären »Bergkönigs« Hans Stuck, begann seine internationale Karriere 1970. Er fuhr Tourenwagen, Formel 2 und von 1974 bis 1979 in der Formel 1. Wegen seiner Körpergröße von über 1,90 m wurde er »Strietzel« genannt, wohl in Anspielung auf den raschen Größenzuwachs von aufgehendem Hefeteig. Stuck fuhr in den 80ern in der Hauptsache BMW in der Deutschen Tourenwagenmeisterschaft und bei Langstreckenrennen. Ab 1985 fuhr er als Werkspilot für Porsche. Noch heute ist er, teils gemeinsam mit seinen Söhnen Johannes und Ferdinand, im Rennsport aktiv.

31 Der in Italien geborene, aber seit dem sechsten Lebensjahr in Ludwigshafen aufgewachsene Pasquale Passarelli ist ebenso wie seine Brüder Thomas und Claudio ein erfolgreicher deutscher Ringer. Seine Karriere als im griechisch-römischen Stil ringender Bantamgewichtler, der maximal 57 kg auf die Waage bringen darf, begann Mitte der 70er-Jahre. Passarelli hatte schon zahlreiche Titel errungen, bevor er durch seinen spektakulären Sieg über den Japaner Masaki Eto auch eine olympische Goldmedaille holte: Über 90 Sekunden widerstand Passarelli in der Brücke stehend den Bemühungen seines Gegners, ihn zu schultern.

32 Als der Deutsche Fußball-Bund die Übertragungsrechte für 40 Millionen DM pro Jahr 1988 erstmals an einen Privatsender verkaufte, hagelte es zahlreiche Proteste. Dennoch konnte sich der Medienkonzern Bertelsmann, Teilhaber des Privatsenders RTLplus, die Rechte sichern. Nach anschließenden Verhandlungen der öffentlich rechtlichen Sendeanstalten mit dem DFB und mit Bertelsmann wurden der ARD und dem ZDF Teilübertragungsrechte zugesprochen.

33 Welcher Polizist startete in der zweiten Hälfte der 80er eine außerordentlich erfolgreiche Karriere als Skirennläufer?

Pirmin Zurbriggen
Marc Giradelli
Frank Wörndl
Alberto Tomba

34 Wie hieß der Torschützenkönig der DDR-Oberliga in der Saison 1986/1987?

Frank Pastor
Andreas Thom
Thorsten Gütschow
Ralf Sträßer

35 Mit welchem Wagen gewann Klaus Ludwig zum ersten Mal die Deutsche Tourenwagenmeisterschaft (DTM)?

Ford Sierra Cosworth
Mercedes 190
BMW M3
Porsche 911GT

36 Wie reagierten die Ostblockstaaten auf den Olympiaboykott der westlichen Länder 1980?

mit einem Handelsembargo
mit dem Abzug der russischen Truppen aus Afghanistan
mit dem Boykott der Olympischen Spiele 1984 in Los Angeles
mit einem Einreiseverbot für westliche Athleten

33 Der italienische Skirennfahrer Alberto Tomba war ein Carabinieri, dem nachgesagt wurde, auch schon mal mit Blaulicht zum Rennen gefahren zu sein, wenn er spät dran war. Bei der Skiweltmeisterschaft 1987 wurde er Dritter im Riesenslalom. Bei den Olympischen Spielen in Calgary 1988 gewann er Gold im Riesenslalom und Slalom, und bei den darauf folgenden Spielen in Albertville und Lillehammer errang er noch einmal Gold und zweimal Silber. Überdies wurde Tomba zweimal Weltmeister und ist bis heute mit dem Gewinn des Gesamtweltcups 1995, acht Weltcupsiegen und 50 gewonnenen Weltcuprennen Italiens erfolgreichster Skirennläufer.

34 Frank Pastor war mit 17 Treffern der Torschützenkönig der Spielzeit 86/87. Der in der Oberliga erfolgreiche Stürmer des Berliner FC Dynamo blieb bei seinen Einsätzen in der DDR-Nationalmannschaft ohne Torerfolg. Nach der Wende spielte er eine Saison lang in Malaysia, danach ging er zum Wiener Sportclub. In der Saison 85/86 war Ralf Sträßer Torschützenkönig, 87/88 war es Andreas Thom und in den drei letzten Spielzeiten Thorsten Gütschow, der für Dynamo Dresden spielte. Gütschow, der bei drei DDR-Länderspieleinsätzen zwei Treffer erzielte, spielte in den 90ern u. a. bei Galatasaray Istanbul.

35 Der 1949 in Bonn geborene Klaus Ludwig gewann 1979 auf einem Porsche 935-K3 und 1981 auf einem Ford Capri Turbo die Deutsche Rennsport-Meisterschaft, den Vorgänger der DTM. Auf Porsche fuhr er Langstreckenrennen, dreimal siegte er bei dem 24-Stunden-Rennen in Le Mans. Wegen der großen Gefahren wechselte er zur Deutschen Tourenwagenmeisterschaft, die er zum ersten Mal 1988 mit einem Ford Sierra Cosworth gewann. Später ging er zu Mercedes und wurde 1992 und 1994 noch zwei weitere Male Deutscher Tourenwagenmeister.

36 Am 19. Juli 1980 wurden die 22. Olympischen Spiele in Moskau eröffnet. Allerdings nahmen nur 81 der 145 Mitgliedsstaaten des Internationalen Olympischen Komitees daran teil. Die meisten Länder boykottierten die Spiele aus Protest gegen den Einmarsch sowjetischer Truppen in Afghanistan. Im Gegenzug entschloss sich das Nationale Olympische Komitee der Sowjetunion, die Olympischen Sommerspiele 1984 in Los Angeles zu boykottieren. Dieser Entscheidung schlossen sich 13 weitere Ostblockstaaten an.

37 Bei welchem Verein beendete Franz Beckenbauer seine Karriere als Profi-Fußballer?

Bayern München

Hamburger SV

Cosmos New York

Real Madrid

38 Aus welchem Staat stammten die Damen, die die Schwimmweltmeisterschaft 1986 absolut dominierten?

DDR

UdSSR

USA

BRD

39 Wer wurde Torschützenkönig bei der Fußball-WM 1982 in Spanien?

Zico

Paolo Rossi

Karl-Heinz Rummenigge

Bruno Conti

40 Mit welcher Doppelpartnerin gewann Steffi Graf bei den Olympischen Spielen 1988 in Seoul die Bronzemedaille?

Claudia Kohde-Kilsch

Bettina Bunge

Claudia Porwick

Silke Meier

37 Beckenbauer spielte von 1964 bis 1977 für den FC Bayern München. 1977 wechselte er zu Cosmos New York und spielte fortan in der von manchen als Operettenliga geschmähten amerikanischen Fußball-Liga. Seine Karriere als Nationalspieler endete mit dem Wechsel. Mit Cosmos wurde er dreimal Meister, bevor er 1980 in die Heimat zurückkehrte und bis 1982 beim Hamburger SV spielte. Nachdem er seine Karriere mit einem Abschiedsspiel des HSV gegen die Nationalmannschaft eigentlich schon beendet hatte, absolvierte er seine tatsächlich letzten Spiele als Profi für Cosmos New York zwischen Mai und November 1983.

38 Bei den vom 14. bis 23. August 1986 in der spanischen Hauptstadt Madrid stattfindenden Schwimmweltmeisterschaften waren die Wassersportlerinnen aus der DDR ihren Konkurrentinnen haushoch überlegen. Sie holten 13 von insgesamt 16 Weltmeistertiteln. Herausragend war die dreifache Weltmeisterin von 1982, die Leipzigerin Kristin Otto: Sie holte insgesamt vier Titel über 100 m Freistil, 200 m Lagen sowie mit der Staffel über 4×100-m-Lagen und 4×100-m-Freistil. Kornelia Greßler wurde über 100 m Schmetterling Weltmeisterin, zwei Titel mit der Staffel holte auch Manuela Stellmach.

39 Der italienische Stürmer Paolo Rossi wurde mit sechs Treffern Torschützenkönig des Turniers. In der schwachen Vorrunde erfolglos, schoss er Italien gewissermaßen im Alleingang ins Finale, da im zweiten Spiel der zweiten Finalrunde alle drei Tore zum 3:2-Erfolg über Brasilien auf sein Konto gingen, ebenso wie die beiden Treffer beim 2:0-Sieg über Polen im Halbfinale. Im Finale selbst legte Rossi mit dem 1:0 den Grundstein für den späteren 3:1-Sieg gegen Deutschland. Mehr, und vor allem wichtigere Tore schoss damals keiner. Karl-Heinz Rummenigge erzielte fünf Treffer bei der WM, der Brasilianer Zico vier. Der als Spieler der WM gefeierte Bruno Conti traf nur einmal.

40 Steffi Graf holte bei den Olympischen Spielen 1988 in Seoul nicht nur Gold im Einzel, sondern überdies gemeinsam mit Claudia Kohde-Kilsch die Bronzemedaille im Doppel. Bereits im Jahr zuvor hatten beide zusammen erfolgreich im Doppel gespielt und dadurch erstmals für Deutschland den Federation-Cup gewonnen, den Nationalmannschaftswettbewerb im Damentennis, der dem Davis-Cup im Herrentennis vergleichbar ist. Claudia Kohde-Kilsch war übrigens die erste Top-Ten-Spielerin, gegen die Steffi Graf 1984 einen Sieg errungen hat.

45 **Welcher deutsche Rennfahrer gewann viermal das 24-Stunden-Rennen von Daytona?**

Manfred Winkelhock
Rolf Stommelen
Jochen Maas
Hans-Joachim Stuck

46 **In welcher Sportart leistete Jean-Marie Pfaff Überdurchschnittliches?**

Radrennsport
Fußball
Tennis
Geräteturnen

47 **Wie hieß das Pferd, mit dem der Dressurreiter Reiner Klimke drei olympische Goldmedaillen gewann?**

Mehmed
Ahlerich
Bronco
Deister

48 **Wie heißt das Buch, das Toni Schumacher 1987 veröffentlichte?**

Anpfiff
Abpfiff
Die Angst des Tormanns beim Elfmeter
Torschluss

45 Der Kölner Sportwagen- und Formel-1-Rennfahrer Rolf Stommelen siegte 1968 auf einem Porsche 907 zum ersten Mal beim 24-Stunden-Rennen in Daytona Beach, im US-Bundesstaat Florida. Auf einem Porsche 935 Turbo konnte er diesen Erfolg in den Jahren 1978, 1980 und 1982 wiederholen. Der erfolgreiche Rennfahrer, der bereits zwei schwere Unfälle überstanden hatte, verunglückte am 24. April 1983 bei einem Rennen im kalifornischen Riverside tödlich, nachdem sich an seinem Porsche 935 ein Heckflügel gelöst hatte.

46 Der belgische Nationaltorhüter, der für sein Land 61-mal im Tor stand, wurde 1987 zum weltbesten Torhüter gekürt. 1978 schon Fußballer des Jahres in Belgien, wurde er bei der EM 1980 mit seinem Team Vize-Europameister. Nach der WM 1982 verließ er den belgischen Fußballverein SK Beveren und ging zum FC Bayern München, wo er bis 1988 zwischen den Pfosten stand. Mit den Bayern wurde er von 1985 bis 1987 dreimal in Folge Deutscher Meister sowie 1984 und 1986 DFB-Pokal-Sieger. Neben diesen Triumphen konnte er beachtliche Erfolge mit der belgischen Nationalmannschaft feiern.

47 Der 1936 geborene Dressurreiter Reiner Klimke machte eine beeindruckende Karriere. Schon bei seiner ersten Olympiateilnahme 1964 in Tokio holte er mit seiner Mannschaft Gold. Vier weitere Olympische Spiele und fünf weitere Goldmedaillen folgten. Sein erfolgreichstes Pferd war Ahlerich, mit dem er allein 1984 und 1988 insgesamt drei Mal olympisches Gold holte. Hinzu kommen etliche Titel als Welt-, Europa- und Deutscher Meister. Klimke arbeitete als Notar und Anwalt, um sich im Gegensatz zu manch betuchtem Kollegen das Reiten überhaupt leisten zu können. Von 1991 bis 1995 saß er für die CDU im Düsseldorfer Landtag, bevor er 1999 mit erst 63 Jahren starb.

48 Der vollständige Titel des Skandalbuchs von Harald Schumacher, der überall »Toni« und in Köln »Tünn« genannt wurde, lautet: *Anpfiff. Enthüllungen über den deutschen Fußball.* Da die darin gegen andere Fußballer erhobenen Doping- und Bestechungsvorwürfe nicht bewiesen werden konnten, musste Schumacher die Nationalmannschaft verlassen. Auch der 1. FC Köln, bei dem Schumacher unter Vertrag stand, trennte sich von ihm. Schumacher galt in den 80er-Jahren als einer der weltbesten Keeper. Als Torwart der Nationalmannschaft wurde er 1980 Europameister sowie 1982 und 1986 Vizeweltmeister.

49 Wie heißt die Leichtathletin mit den auffälligen Fingernägeln, die bei den
Olympischen Spielen in Seoul 1988 drei Goldmedaillen gewann?
Alice Brown
Gail Devers
Evelyn Ashford
Florence Griffith-Joyner

50 Welches Nationalteam konnte sich überraschenderweise nicht für die Fußball-WM
in Spanien 1982 qualifizieren?
Jugoslawien
Mexiko
Türkei
Niederlande

51 Wie viele olympische Goldmedaillen musste Katarina Witt holen, bevor sie
Profisportlerin werden durfte?
Keine
2
4
7

52 Welcher Verein besiegte im Europapokal-Viertelfinale 1986 Dynamo Dresden
mit 7 : 3?
Bayern München
Borussia Dortmund
Bayer Uerdingen
MSV Duisburg

49 Das Markenzeichen von Florence Griffith-Joyner waren – neben bunter und ausgefallener Sportbekleidung, die sie meist selbst entwarf – ihre extrem langen Fingernägel, die sie auffällig lackierte, etwa in den amerikanischen Nationalfarben. Mit bis heute unübertroffenen Weltrekorden im 100- und 200-m-Lauf wurde die 1959 geborene Sprinterin zur schnellsten Frau der Welt. Als sie 1998 im Alter von nur 38 Jahren plötzlich starb, machten Dopinggerüchte die Runde, die jedoch nie bestätigt wurden. Als offizielle Todesursache gilt bis heute ein Schlaganfall.

50 Die Niederlande konnten bei WM-Turnieren viele spektakuläre Erfolge verbuchen und hatten ebenso sensationelle Spieler in ihren Reihen wie solche, die durch unsportliche Entgleisungen in schlechter Erinnerung bleiben. Nachdem die Niederlande 1950 und 1954 gar nicht erst an der WM-Qualifikation teilgenommen hatten, gelang es ihnen in den Jahren danach viermal in Folge nicht, diese Hürde zu nehmen. 1974 qualifizierten sie sich endlich und wurden gleich Vize-Weltmeister. 1978 wiederholten sie diesen herausragenden Erfolg. Für die WM 1982 in Spanien konnten sie sich trotz dieses Titels nicht qualifizieren.

51 1984 holte die DDR-Sportlerin Katarina »Kati« Witt in Sarajevo ihr erstes olympisches Gold im Eiskunstlauf. Diesen Erfolg konnte sie 1988 in Calgary wiederholen. Das Time-Magazin nahm dies zum Anlass, die nicht unaparte Sportlerin als das »schönste Gesicht des Sozialismus« zu bezeichnen. Ihre Karriere nahm nach zwei olympischen Goldmedaillen eine für die damalige Zeit äußerst ungewöhnliche Wende: Als erste DDR-Athletin durfte sie in Eis-Revuen in Westeuropa und sogar in den USA als Profisportlerin auftreten. Für größere Aufmerksamkeit sorgte Kati Witt noch einmal 1998, als sie nackt für den Playboy posierte.

52 Nach dem 2:0-Hinspielerfolg und einer 3:1-Halbzeitführung von Dynamo Dresden schien das Ausscheiden des Gegners Bayer Uerdingen so gut wie besiegelt. Doch nachdem der Dynamo-Torhüter Bernd Jakubowski nach einem Foul verletzungsbedingt gegen den Ersatztorwart Jens Ramme ausgewechselt wurde, nahm das Spiel eine ungeahnte Wendung. Ramme kassierte sechs Gegentore, und am Ende schied Dresden nach einer 3:7-Niederlage aus. Dynamo-Spieler Frank Lippmann, der das zweite Tor für Dresden geschossen hatte, setzte sich nach dem Spiel übrigens von der Mannschaft ab und blieb im Westen.

Zeitzeichen

Zeitzeichen der 80er

... waren die Dinge, die nun klein und leichter und damit vermeintlich gesünder wurden: Slim-Line- und Light-Produkte. Die Jugendlichen schotteten sich mittels Walkman von ihrer Umgebung ab, und manche ruinierten dabei ihr Gehör. Zeitzeichen, das waren auch Schulterpolster und gegelter New-Wave-Look, das waren erste medial registrierte Lebensmittelskandale, und das waren Umwelt- und andere Skandale, für die man nun sensibilisiert war. Das waren auch erste Computer und erste Spiele, ein bisschen *Verschwende deine Jugend,* während man Angst vor Atomkrieg, Super-Gau, 1984, Volkszählung und Waldsterben hatte. Wie jede Zeit war auch diese eine der Katastrophen: Eine Raumfähre explodiert kurz vor der Landung, Flugzeuge kollidieren, ein Kontinent verhungert. Während andernorts Zukunft wirklich nichts ist, dessen man gewiss sein kann, sehen wir entweder ein Stück weit aus Passion düster in dieselbe – oder genießen ausgelassen und erlebnishungrig wie nie jeden Tag.

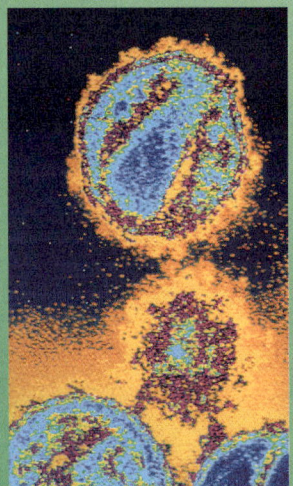

1 **Welche Investitionsruine wurde 1985 fertiggestellt?**
  Schneller Brüter in Kalkar
  Kaiserbau in Troisdorf bei Köln
  Wiederaufbereitungsanlage Wackersdorf
  Landsberger Arkaden in Berlin

2 **In welcher Stadt konnte erstmals deutsches Privatfernsehen empfangen werden?**
  Mainz
  Karlsruhe
  Ludwigshafen
  Wiesbaden

3 **In welcher Farbe wurden von dem legendären Audi Sport quattro nur zwei Stück hergestellt?**
  Tornadorot
  Schwarz
  Alpinweiß
  Malachitgrün

4 **Aus welchem Jahr stammt das deutsche Reinheitsgebot für Bier, das 1987 innerhalb der EG für unzulässig erklärt wurde?**
  1272
  1516
  1858
  1930

1 Der heftig umstrittene Bau des Schnellen Brüters nahe dem historischen niederrheinischen Örtchen Kalkar, mit dem Anfang der 70er-Jahre begonnen wurde, wurde 1985 beendet. Doch die Landesregierung von Nordrhein-Westfalen erteilte dem Atommeiler keine Betriebserlaubnis. Am 21. März 1991 erklärte die Bundesregierung endgültig das Aus für den nie in Betrieb genommenen Reaktor, der den Steuerzahler 3,5 Milliarden DM gekostet hat. Der Kaiserbau, die Wiederaufbereitungsanlage Wackersdorf und die Landsberger Arkaden in Berlin Lichtenberg wurden übrigens nie bzw. noch nicht fertiggestellt.

2 Im Rahmen des Kabelpilotprojekts Ludwigshafen wurde am 1. Januar 1984 in der BRD zum ersten Mal Fernsehen über Kabel ausgestrahlt. Gleichzeitig begann auch die Geschichte des Privatfernsehens in Deutschland. Als erster Sender ging zu Neujahr 1984 die Programmgesellschaft für Kabel- und Satellitenrundfunk (PKS) auf Sendung, aus der ein Jahr später Sat. 1 wurde. Bereits am folgenden Tag konnten die Ludwigshafener Fernsehzuschauer Zeuge werden, wie mit RTLplus ein weiterer deutschsprachiger Privatsender seinen Betrieb aufnahm.

3 Der Audi Sport quattro aus dem Jahr 1983 ist eine um 32 cm gekürzte Version des Audi quattro, die eigens für den Rallyeeinsatz hergestellt wurde. Um die Zulassung gemäß den FIA-Richtlinien zu erhalten, mussten für die sogenannte Homologation seinerzeit mindestens 200 Exemplare gebaut werden. Audi stellte insgesamt 220 Fahrzeuge her, die in den vier klassischen Rallyefarben Tornadorot (134 Exemplare), Alpinweiß (48 Exemplare), Kopenhagenblau (21 Exemplare) sowie Malachitgrün (15 Exemplare) angeboten und für den stolzen Preis von 195 000 DM verkauft wurden. Der damalige Audi-Vorstand Ferdinand Piëch ließ exklusiv für sich zwei schwarze Fahrzeuge herstellen.

4 Bis 1987 galt in Deutschland das deutsche Brau-Reinheitsgebot von 1516, und nur Bier, das nach diesen Vorschriften gebraut war, durfte auf dem deutschen Markt verkauft werden. Das änderte sich am 12. März 1987. Der Europäische Gerichtshof erklärte das deutsche Reinheitsgebot im Rahmen der EG für unzulässig, sodass es seine Gültigkeit für Importbiere verlor. Seitdem dürfen auch Biere, die nach anderen Rezepturen gebraut werden, in Deutschland verkauft werden.

Zeitzeichen

5 **Welche Erfindung reklamierte Andreas Pavel für sich?**
  Mountain-Bike
  Walkman
  Funktelefon
  CD-Player

6 **Von welchem Planeten, dem sie sich bis zu 124 200 km näherte, schickte die
  Raumsonde Voyager 1 im November 1980 aufschlussreiche Bilder zur Erde?**
  Jupiter
  Saturn
  Mars
  Uranus

7 **Welches Kennzeichen trug das in Deutschland 1980 erstmals benutzte Papamobil
  von Mercedes-Benz?**
  SCV 1
  S-PM 1
  V 1
  JP II.

8 **Wodurch wurde der amerikanische Student Robert Tappan Morris 1988 bekannt?**
  als Verursacher des ersten Schulmassakers
  als Programmierer des ersten Computer-Wurms
  als jüngster Börsenmilliardär
  als erster Empfänger eines künstlichen Herzens

5 Anfang der 80er-Jahre gehörte ein Walkman – am besten das Original von Sony – zur Grundausstattung jedes trendbewussten Jugendlichen. Der Sony-Gründer Akio Morita behauptete zeitlebens, dass er das Kassettenabspielgerät erfunden habe, das Sony 1979 als Walkman TPS-L2 auf den Markt brachte. Der deutsche Tüftler Andreas Pavel erhob dagegen allerdings Einspruch. Mit seinem Stereobelt genannten Gerät, das er bereits 1977 in einigen Ländern zum Patent angemeldet hatte, beanspruchte er, der eigentliche Walkman-Erfinder zu sein. Nach Moritas Tod im Jahr 1999 einigten sich beide Parteien außergerichtlich, und der lang anhaltende Patentstreit wurde beigelegt.

6 Den damaligen Höhepunkt der amerikanischen Raumfahrt stellte der Flug der Raumsonde Voyager 1 vorbei am Planeten Saturn dar. Bereits im Jahr zuvor hatte sie exzellente Aufnahmen vom Jupiter zur Erde übermittelt. Diesmal wurden aus großer Nähe spektakuläre Bilder vom Saturn und seinen Ringen zur Erde gefunkt. Es wurden weitere Kleinmonde des Planeten entdeckt, und man fand heraus, dass es in den klassischen Ringbereichen Tausende Einzelringe gibt. Im August 1981 erreichte die Schwestersonde Voyager 2 den Saturn.

7 Bei seinem Deutschlandbesuch 1980 fuhr Papst Johannes Paul II. erstmals mit dem auf Basis des Mercedes-Geländewagens G 230 gebauten perlmuttfarbenen Papamobil, das über eine abnehmbare Kunststoffkuppel verfügte. Mercedes-Benz hatte dem Papst das Auto zunächst nur leihweise zur Verfügung gestellt; anderthalb Jahre später schenkten es ihm die Stuttgarter Autobauer jedoch. Jedes Dienstfahrzeug des Papstes, insbesondere jedes Papamobil, trägt das Kennzeichen SCV 1, wobei SCV für *Stato della Città del Vaticano* steht. Weltweit stehen rund 60 Papamobile mit diesem Kennzeichen für eine Fahrt mit dem Oberhaupt der katholischen Kirche bereit.

8 Der 23-jährige Robert Morris programmierte mit dem später Morris-Wurm genannten Code den ersten Computerwurm, der sich über das Internet ausbreitete. Zwar war die Konzeption des Wurms nicht auf Schädigung angelegt, aber allein durch Überlastung legte er rund 10 % des damaligen Netzes lahm. Der Juli 1989 enttarnte Programmierer wurde zu einer Bewährungsstrafe, 10 000 Dollar Geldbuße und 400 Stunden Sozialarbeit verurteilt. Heute ist er Professor am berühmten *Massachusetts Institute of Technology* (MIT).

Zeitzeichen

9 **Was beschloss das Bundeskabinett im September 1984, ab 1. Januar 1989 verbindlich einzuführen?**
Abgaskatalysator
Pflegeversicherung
Waldzustandsberichte
neue DM-Scheine

10 **Wer führte die grafische Benutzeroberfläche für Computer ein?**
Microsoft
Atari
IBM
Apple

11 **Was geschah am 2. Dezember 1982 in der Universitätsklinik von Utah?**
Geburt des ersten Retortenbabys
Tod des ersten AIDS-Patienten
Verpflanzung des ersten Herzimplantats
erster Einsatz eines flexiblen Endoskops

12 **Welches Fortbewegungsmittel wurde nach Steven Spielbergs Film *E.T.* zum Verkaufshit?**
BMX-Rad
Skateboard
Bonanzarad
Inlineskater

9 Zwar wurden mit dem Beschluss vom September 1984 auch die Steuern für nicht abgasentgiftete Autos erhöht, um Anreize zu schaffen, bereits vor 1989 auf die Katalysatortechnik umzusatteln, doch durften erst ab Anfang 1989 keine Autos ohne Kat mehr produziert werden. Der Katalysator verringert die Schadstoffe im Abgas, wie Kohlenwasserstoffe, Kohlenmonoxid und Stickoxide, die in Kohlendioxid, Stickstoff und Wasserdampf umgewandelt werden. Den ersten bundesdeutschen Waldzustandsbericht gab es 1984, die Pflegeversicherung wurde erst 1995 eingeführt, und die ersten Scheine der neuen, vierten DM-Serie kamen Anfang der 90er-Jahre heraus.

10 Nachdem bereits Xerox in den 70er- und frühen 80er-Jahren Betriebssysteme mit grafischer Benutzeroberfläche vorgestellt hatte, brachte Apple nach eigenen Vorarbeiten 1983 zunächst den kommerziell eher wenig erfolgreichen Apple Lisa und Anfang 1984 den Apple Macintosh auf den Markt. Das jeweils mitgelieferte Betriebssystem ließ sich per Mauseingabe bedienen und war auch sonst revolutionär: Mit Schreibtisch, Papierkorb, *Drag-and-Drop*-Funktion sowie einfacher Handhabung mittels Icons lieferte Apple das Fundament für den intuitiven Umgang mit Computern, wie wir ihn heute kennen. Bei Microsoft lief damals noch alles über die tastaturgesteuerte Befehlseingabe.

11 Dem 61-jährigen Zahnarzt Barney Clark wurde 1982 in Utah das erste taugliche Kunstherz eingesetzt. Es handelte sich um das Modell Jarvik 7, benannt nach seinem Entwickler Robert K. Jarvik. Nachdem der verantwortliche Operateur, der gebürtige Niederländer Dr. William DeVries, ihm das Kunstherz eingepflanzt hatte, überlebte Clark trotz mehrerer schwerer Thrombosen noch ganze 112 Tage, ehe er am 23. März 1983 starb.

12 Das Filmplakat des Kinohits zeigt im Hintergrund den 10-jährigen Elliott, der auf seinem BMX-Rad mit E.T. im Gepäck am Mond vorbeifliegt. Im Film ist das BMX-Rad das wichtigste Fortbewegungsmittel der Kinder; mit ihren kleinen Flitzern schütteln sie alle lästigen Erwachsenen ab. Der Film löste ab 1982 einen regelrechten BMX-Rad-Boom aus. Kinder, die sich auch ohne Motorantrieb – BMX steht eigentlich für *Bicycle MotoCross* – wilde Rennen liefern wollten, tauschten ihr altes Fahrrad gegen die kleine 20-Zoll-Version mit verstärktem Rahmen und hohem Lenker aus.

Zeitzeichen

13 Wie hieß die erste amerikanische Raumfähre?
Challenger
Columbia
Discovery
Endeavour

14 Was verbirgt sich hinter dem Namen GROWIAN?
Satellit
Windenergiekonverter
Wasserkraftwerk
erster Industrieroboter

15 Wie hieß die Kosmetikerin, die den Fernsehzuschauern in den 80er-Jahren ein unkonventionelles Maniküremittel präsentierte?
Irina
Antje
Tilly
Klementine

16 Welches beliebte Eis der 80er-Jahre kam 2002 wieder in den Handel und war während der Fußball-Weltmeisterschaft 2006 sogar als Heimspiel-Variante erhältlich?
Dolomiti
Ed von Schleck
Flutschfinger
Calippo

13 Das Space Shuttle Columbia war die erste Raumfähre der Amerikaner. Den Jungfernflug mit dem wiederverwendbaren Raumflugzeug unternahmen die Astronauten Young und Crippen vom 12. bis zum 14. April 1981. Beeindruckend war vor allem die exakt vorherberechnete Landung auf einem ausgetrockneten kalifornischen Salzsee. Als die Columbia am 1. Februar 2003 von ihrer 28. Mission heimkehrend wieder in die Erdatmosphäre eintrat, brach sie – vermutlich wegen eines Stücks Isolierung, das das Hitzeschild beschädigte – in 60 km Höhe über Texas auseinander.

14 Der Name GROWIAN ist ein Kunstwort, das sich aus den jeweils ersten Buchstaben des Begriffs »Große Windkraftanlage« zusammensetzt. Das zweiflüglige Windrad mit einer Nabenhöhe von rund 100 Metern war ein mit öffentlichen Mitteln geförderter Windenergiekonverter, der zur Erprobung der neuen Energieumwandlungstechnologie Anfang der 80er-Jahre im Kaiser-Wilhelm-Koog bei Marne errichtet wurde. Die zwei Rotorblätter waren jeweils knapp 50 Meter lang, die elektrische Nennleistung betrug 3000 kW. Aufgrund zahlreicher Probleme wurde die am 6. Juli 1983 in Betrieb genommene Anlage allerdings bereits im August 1987 stillgelegt.

15 Klementine ist eine der beliebtesten und dienstältesten Werbeikonen des deutschen Fernsehens. Dargestellt von der Schauspielerin Johanna König warb sie zwischen 1968 und 1984 für das Waschmittel Ariel. Dieses »wusch nicht nur sauber, sondern rein«, zur Hand- und Nagelpflege war es allerdings nicht geeignet. Für diesen Zweck hatte Klementines TV-Kollegin Tilly das beste Rezept. Tilly, die von der US-Schauspielerin Jan Miner verkörpert wurde und in den US-Spots Madge hieß, warb für das Spülmittel Palmolive, das »die Hände schon beim Spülen pflegt«.

16 Es war der Flutschfinger, den die Retro- und Nostalgiewelle zu Beginn des neuen Jahrtausends wieder in die Tiefkühltruhen spülte. Die rote Hand aus Wassereis mit dem ausgestreckten Zeigefinger begeisterte die Kinder v. a. in den 80er-Jahren. Als 2006 die Fußball-Weltmeisterschaft in Deutschland ausgetragen wurde, brachte Langnese den Flutschfinger Heimspiel heraus: eine schwarz-rot-goldene Version mit Colaspitze, klassisch-rotem Erdbeer-Mittelteil und goldgelbem Orangen-Abschluss.

Zeitzeichen

17 In welchem Bundesland liegt Wackersdorf, der Ort, an dem die umstrittene gleichnamige Wiederaufbereitungsanlage gebaut werden sollte?
Rheinland-Pfalz
Niedersachsen
Bayern
Baden-Württemberg

18 Wie heißt das 1985 von Alexei Pajitnov entwickelte Computerspiel?
Pac-Man
Pentamino
Tetris
Super Mario

19 Was war auf der Rückseite des 1000-DM-Scheins der vorletzten Serie abgebildet?
Burg Eltz
Limburger Dom
Holstentor in Lübeck
Brandenburger Tor

20 Auf welcher Strecke fuhr der erste TGV, den François Mitterrand eingeweiht hat?
Paris–Straßburg
Paris–Lyon
Marseille–Avignon
Marseille–Toulon

17 Die oberpfälzische Gemeinde Wackersdorf liegt im Landkreis Schwandorf im Freistaat Bayern. Die knapp über 5000 Einwohner zählende Gemeinde verdankt ihre Bekanntheit – zumindest was den Namen angeht – der dort Anfang der 80er-Jahre geplanten atomaren Wiederaufbereitungsanlage, gegen deren Bau sich im Verlauf des Jahrzehnts starker Widerstand von unterschiedlichen gesellschaftlichen Gruppen regte. Am 31. Mai 1989 wurde der Bau endgültig eingestellt, kurz darauf verständigten sich die Bundesrepublik und Frankreich über die gemeinsame Nutzung der Wiederaufbereitungsanlage im französischen La Hague.

18 Alexei Pajitnov arbeitete am Computerzentrum in Moskau, als er 1985 auf die Idee kam, das Puzzlespiel *Pentamino* für den Computer zu adaptieren. Sein neues digitales Spiel nannte er *Tetris*, in Anlehnung an *tetra*, dem griechischen Wort für vier. Nachdem das Spiel mit Klang und Farbe versehen auch auf dem IBM-PC lief, verbreitete es sich schnell in der Sowjetunion und dann im ganzen Ostblock. Auch im Westen erlangte es große Popularität, v. a. weil es ab 1989 als Grundausstattung mit dem ersten Game Boy ausgeliefert wurde. Inzwischen ist Tetris ein echter Klassiker, der sogar für den beliebten iPod adaptiert wurde.

19 Die dritte und vorletzte Serie von DM-Banknoten wurde erstmals zwischen 1960 und 1965 ausgegeben und mit Einführung der vierten Papiergeld-Serie Anfang der 90er-Jahre eingezogen. Auf der Rückseite des braunen 1000-DM-Scheins war der Dom zu Limburg an der Lahn zu sehen, die Vorderseite zeigte ein von Lucas Cranach d. Ä. gemaltes Porträt des Theologen Dr. Johannes Scheyring. Das Holstentor zierte die Rückseite des 50-Mark-Scheins, und Burg Eltz war auf der Rückseite des 500-Mark-Scheins abgebildet. Das Brandenburger Tor wiederum befand sich auf der Rückseite des 5-Mark-Scheins der vierten Serie.

20 Am 22. September 1981 wurde in Frankreich der schnellste Zug der Welt eingeweiht. Er bewältigte die 426 Kilometer lange Strecke zwischen Paris und Lyon innerhalb von zwei Stunden. Auf seiner Jungfernfahrt hatte der Hochgeschwindigkeitszug allerdings noch mit einigen Anlaufschwierigkeiten zu kämpfen: An einem Berg drehten die Räder bei starkem Regen durch, sodass er die Steigung nur mühsam schaffte. Auf gerader Strecke erreichte der *train à grande vitesse* (TGV) bei der Jungfernfahrt allerdings die beachtliche Höchstgeschwindigkeit von 260 km/h.

21 Von welcher Infektionskrankheit erklärte die Weltgesundheitsorganisation (WHO) die Welt 1980 für endgültig befreit?

Röteln

Fleckfieber

Milzbrand

Pocken

22 Wo stand die erste Tankstelle, an der man bleifreies Benzin tanken konnte?

Freiburg

Hamburg

München

Frankfurt

23 In einem Abstand von wie vielen Jahren fliegt der Halleysche Komet, dem 1985 große Aufmerksamkeit zuteil wurde, an der Erde vorbei?

27 Jahre

76 Jahre

137 Jahre

206 Jahre

24 Welche geometrische Grundform dominierte zu Beginn der 80er-Jahre den Spielwarenmarkt?

Pyramide

Kugel

Würfel

Oktaeder

21 Da seit 1977 weltweit keine Pockenfälle mehr registriert worden waren – in Deutschland trat der letzte Fall 1972 auf –, erklärte die WHO die Welt 1980 für pockenfrei. Dieser Erfolg war das Ergebnis eines umfassenden Impfprogramms – ein richtiges Heilmittel gibt es bis heute nicht. Nachdem es noch in den 1950er- und 1960er-Jahren regelrechte Pockenepidemien in Europa gegeben hatte, ist mittlerweile mangels Risiko sogar die Pflichtimpfung abgeschafft worden.

22 Die erste Zapfsäule, an der bleifreies Benzin (91 Oktan) getankt werden konnte, wurde im Mai 1983 im Rahmen eines Modellversuchs auf dem Gelände des städtischen Fuhrparks der bayerischen Landeshauptstadt München in Betrieb genommen. Sie diente zur Betankung von 40 Dienstfahrzeugen der Stadt, die testweise mit Abgaskatalysatoren ausgerüstet waren. Am 7. November desselben Jahres weihte Bundesinnenminister Friedrich Zimmermann die erste öffentliche Zapfsäule für bleifreien Sprit ebenfalls in München ein. Super bleifrei (95 Oktan) wurde 1985 eingeführt, Super Plus (98 Oktan) 1993.

23 Ende November 1985 kam der Halleysche Komet auf seiner Flugbahn der Erde am nächsten. Der Schweifstern mit einem Durchmesser von sechs Kilometern durchquert alle 76 Jahre unser Sonnensystem. Die ESA-Sonde Giotto war schon im Juli 1985 mit der Trägerrakete Ariane ins All gebracht worden, um den Kometen zu beobachten. Im März 1986 kam es dann zur Begegnung von Sonde und Komet. Giotto näherte sich Halley bis auf 596 Kilometer und übermittelte den Wissenschaftlern Bilder und Datenmaterial. Die nächste Erdannäherung des Kometen wird im Jahr 2061 erwartet.

24 *Rubik's Cube,* der von dem ungarischen Designer und Architekten Ernö Rubik entworfene Zauberwürfel, fand seit seiner Erfindung Mitte der 1970er-Jahre weltweit millionenfache Verbreitung. Zum Höhepunkt der Rubikmania im Jahr 1981 kam die zuständige Produktionsfirma den unzähligen Bestellungen gar nicht mehr nach. Das Geduldsspiel, dessen Ziel es war, den in sich drehbaren Würfel mit seinen in je neun Einzelelemente unterteilten verschiedenfarbigen Seitenflächen nach zufälliger Umstellung wieder in die Ausgangsposition zurückzubringen, beschäftigte Kinder und Mathematiker gleichermaßen.

25 Welcher im Januar 1982 vorgestellte Heimcomputer entwickelte sich rasch
zum Verkaufsschlager?

Commodore 64
Atari ST
Robotron KC 85/1
Amiga 500

26 Welche gefährliche Virusinfektion wurde 1981 erstmals als eigenständige
Krankheit erkannt?

Spanische Grippe
Ebola
AIDS
SARS

27 Mit welchem Zusatz war der italienische Wein gepanscht, der 1986 für Aufsehen
sorgte?

Glykol
Methylalkohol
Erdnussöl
Saccharin

28 Nach welcher Stadt benannte sich die 1980 von Ettore Sottsass gegründete
Designergruppe?

Babylon
Mailand
Memphis
Toulouse

25 Im September 1982 kam in den USA für knapp 600 Dollar der kurz zuvor der Öffentlichkeit präsentierte Heimcomputer Commodore 64 in den Handel. Der unter dem Kürzel C64 bekannt gewordene Rechner wurde für 1500 DM seit Anfang 1983 auch in Deutschland angeboten. Hier wurde er wie überall auf der Welt – mit Ausnahme von Japan – ein Riesenerfolg. Der 8-Bit-Heimcomputer war wegen seines herausragenden Soundchips auch als Spielekonsole beliebt, was seinen immensen Erfolg mit über 17 Millionen verkauften Geräten erklärt. Die DDR stellte ab 1984 mit dem Robotron KC 85/1 ein Konkurrenzprodukt her.

26 Der jährlich am 1. Dezember stattfindende Welt-AIDS-Tag verweist auf den 1. Dezember 1981, als die diversen Infektionen und Tumore, die infolge einer AIDS-Erkrankung auftreten, erstmals als zusammenhängende Symptome ein und derselben Krankheit definiert wurden. Sie zerstört das Immunsystem der Erkrankten und forderte bislang weltweit über 25 Millionen Menschenleben. Insbesondere in Afrika, wo Aufklärung und Verhütungskampagnen nur zögerlich vorankommen und teilweise gegen massive religiös-kulturelle Widerstände ankämpfen müssen, breitet sich die bis heute unheilbare Krankheit nach wie vor ungebrochen aus.

27 Nachdem 1985 in Österreich Wein aus dem Verkehr gezogen werden musste, der mit dem Frostschutzmittel Diethylenglykol – umgangssprachlich Glykol genannt – gepanscht war, kam es 1986 zu einem weiteren Rebsaft-Skandal: In Italien war Rotwein mit Methylalkohol versetzt worden. Während der gepanschte Wein aus Österreich keinen gesundheitlichen Schaden bei den Verbrauchern verursachte, hatte der Genuss des italienischen Weins verheerende Folgen: Mehrere Menschen starben, und einige verloren ihr Augenlicht.

28 Unter dem Namen Memphis und der Leitung des renommierten, damals 60-jährigen Designers konstituierte sich 1980 eine Gruppe von ansonsten eher jungen Designern, die auf Entwicklungen in der Architektur Bezug nehmend ein postmodernes Manifest verabschiedeten. Reine Funktionalität betrachtete die Gruppe kritisch, Alltagsgegenstände wurden phantasievoll, bunt und vital gestaltet, beim Möbeldesign griff man auf elementare Formen zurück und verkleidete sie mit farbenfrohem Kunststofflaminat. Der Name der Gruppe geht auf einen Bob-Dylan-Song zurück, der beim ersten Treffen häufig gespielt wurde: *Stuck inside of Mobile (with the Memphis Blues again).*

29 Wie hieß das unter Ronald Reagan ins Leben gerufene amerikanische Raketenabwehrsystem?

SDI
SDS
START
BMD

30 Wie nennen die Berliner das Gebäude im Tiergarten, das seit 1989 das Haus der Kulturen der Welt beherbergt?

Dicker Bär
Schwangere Auster
Großer Stern
Goldmarie

31 Wo lag bis Ende der 80er-Jahre das »Tal der Ahnungslosen«?

bei Altötting
rund um Dresden
mitten in Bonn
nördlich von Greifswald

32 Wo wurde 1983 das erste deutsche Solarkraftwerk in Betrieb genommen?

Brunsbüttel
Amrum
Pellworm
Büsum

29 Den Startschuss zum umstrittenen Raketenabwehrprogramm SDI *(Strategic Defense Initiative)* gab US-Präsident Ronald Reagan im März 1983. Ziel des milliardenschweren Programms war die Errichtung eines auf boden- und satellitengestützten Waffen basierenden Abwehrschirms gegen potenzielle sowjetische Interkontinentalraketen. Binnen fünf Jahren hatte die USA knapp 30 Milliarden Dollar in das Projekt investiert, das nicht die erhofften Fortschritte zeitigte, wohl aber der UdSSR deutlich machte, dass sie bei einem Wettrüsten im Weltraum nicht mithalten könnte. Womöglich trug dies mit zum Kollaps der UdSSR bei.

30 Das geschwungene Betondach der ehemaligen Kongresshalle brachte dem Gebäude den Namen »Schwangere Auster« ein. Es wurde im Rahmen der internationalen Bauausstellung 1957 als Beitrag der USA errichtet. Der amerikanische Architekt Hugh Stubbins hat das Gebäude entworfen, das im September 1957 eröffnet wurde. Bei einem Teileinsturz des Daches im Mai 1980 kam ein Redakteur des Senders Freies Berlin ums Leben. Der Unfall wurde hauptsächlich auf Korrosionserscheinungen tragender Bauelemente zurückgeführt. 1987 wurde die »Schwangere Auster« wieder aufgebaut und zum 750. Stadtjubiläum Berlins wiedereröffnet.

31 Als »Tal der Ahnungslosen« bezeichnete man eine Region in der ehemaligen DDR, in der es vor der Einrichtung von Kabelnetzen und/oder Satellitenempfängern nicht möglich war, westliche Fernseh- und Rundfunksendungen zu empfangen. Die sogenannte Ochsenkopfantenne – jene Antenne, die die restlichen Bereiche der DDR in den Genuss von Westfernsehen brachte, das vom Ochsenkopf im Fichtelgebirge ausgestrahlt wurde – vermochte in diesen Gebieten aufgrund der geografischen Gegebenheiten nichts. Betroffen waren große Teile der Oberlausitz, aber auch die Gegend um Dresden im Ostteil des heutigen Sachsens.

32 Auf der kleinen nordfriesischen Insel Pellworm wurde 1983 das erste Photovoltaik-Kraftwerk auf deutschem Boden in Betrieb genommen. Knapp 17 600 Solarmodule brachten eine Gesamtleistung von 300kWp. Später wurde die Anlage noch erweitert und durch die Installation einer Windenergieanlage zum ersten Hybridkraftwerk Deutschlands ausgebaut. Dieses war in der Lage, für etwa ein Viertel der Inselbewohner Strom zu erzeugen. Das Hybridkraftwerk ist nach einer Modernisierung 2006 wieder ans Netz gegangen.

33 Was wurde vom Deutschen Patentamt 1985 zu den acht nützlichsten Erfindungen der letzten 100 Jahre gewählt?
Sicherheitsgurt
Servolenkung
Dieselmotor
Scheibenwischer

34 Wann kam das erste Windows-Betriebssystem auf den Markt?
1984
1985
1988
1987

35 Wie heißt das erste deutsche Retortenbaby, das 1982 zur Welt kam?
Sabine
Stephanie
Oliver
Markus

36 Welches Militärflugzeug beschlossen im Jahr 1988 vier europäische Staaten gemeinsam zu bauen?
Tornado
Jäger 90
Eurofighter 2000
Alpha-Jet

33 Das Rückhaltesystem, das den Fahrzeuginsassen an drei Punkten mit der Karosserie verbindet, ist eine schwedische Erfindung. Entsprechend war 1959 auch der Volvo 544 das erste Auto, bei dem der Dreipunkt-Sicherheitsgurt zur Serienausstattung gehörte. Der Einbau von Sicherheitsgurten war für Neuwagen vorne seit 1970 und hinten seit 1979 vorgeschrieben. Anlegepflicht bei vorhandenen Sicherheitsgurten besteht hierzulande seit Januar 1976 für die Vordersitze und seit August 1984 für die Rücksitze.

34 Microsoft hinkte der Software-Entwicklung in den 80er-Jahren ziemlich hinterher. Der Konkurrent Apple hatte bereits seit 1982 mit dem Rechner Apple Lisa eine Maus und eine grafische Benutzeroberfläche zur einfachen Anwendung anzubieten. Anfang 1984 stellte Apple dann mit dem Betriebssystem Mac OS 1.0 auf dem Apple Macintosh die bis heute gültige Grundlage grafischer Benutzeroberflächen mit vielen wesentlichen Features vor. Die erste grafische Erweiterung des MS-DOS-Betriebssytems, Microsoft Windows 1.0, kam hingegen erst im November 1985 auf den Markt. Zwei Jahre später folgte Windows 2.0, Windows 3.0 kam im Frühjahr 1990 auf den Markt.

35 Das weltweit erste Retortenbaby, Louise, wurde im Juli 1978 in Großbritannien geboren. Das erste deutsche Retortenbaby, Oliver, kam im April 1982 per Kaiserschnitt zur Welt. Es wog 4150 Gramm, war 53 Zentimeter groß, gesund und eine medizinische Sensation. Zum ersten Mal war es auch deutschen Ärzten gelungen, ein Kind im Reagenzglas zu zeugen. Tagelang belagerten Journalisten die Klinik, und die Öffentlichkeit diskutierte die ethische Vertretbarkeit der künstlichen Befruchtung. 2004 schätzte man die Zahl der Geburten, die auf eine künstliche Befruchtung zurückzuführen sind, auf über 1,8 Millionen.

36 Am 16. Mai 1988 beschlossen Deutschland, Italien, Spanien und Großbritannien, gemeinsam ein europäisches Jagdflugzeug zu entwickeln und zu produzieren. Die ursprünglich *European Fighter Aircraft* genannte Maschine ist in Deutschland unter dem Namen Jäger 90 bekannt. Die offizielle Jungfernflug des einsitzigen Jagdfliegers fand 1994 statt. Aufgrund des beendeten Ost-West-Konflikts entschieden sich die Produzenten nun allerdings, ein preisgünstigeres und technisch modifiziertes Modell zu entwickeln, das Eurofighter 2000 genannt wurde. Über Maschinen diesen Typs verfügt die Bundeswehr seit 2006.

37 Welches war das erste Computerspiel, das softwareseitig eine sogenannte Cheftaste zur Verfügung stellte, die gewährleisten sollte, dass man während der Arbeit nicht so leicht beim Spielen ertappt wird?

Leisure Suit Larry
Strip-Poker
Adventures of a Playmate
Indiana Jones

38 Was wurde der Öffentlichkeit auf der Berliner Funkausstellung 1981 erstmals vorgestellt?

Bildtelefon
Videorekorder mit Longplay-Funktion
Compact Disc
Parabolantenne und Receiver für den Fernsehempfang über Satellit

39 Wie hieß der erste bundesdeutsche Astronaut?

Sigmund Jähn
Matthias Rust
Ulf Merbold
Thomas Reiter
Reinhard Furrer

40 Von welcher Firma stammte das Instrument, dass die Band Trio im deutschsprachigen Raum bekannt machte?

Bontempi
Roland
Yamaha
Casio

37 Das erste Spiel der PC-Adventure-Serie *Leisure Suit Larry* kam 1987 heraus. Über Maus und Tastatur laviert der Spieler den in der Hauptsache glücklos agierenden Frauenhelden Larry Laffer durch verschiedene alltägliche und ausgefallene Handlungsorte auf der unablässigen Suche nach seiner Traumfrau. *Leisure Suit Larry* verfügte als erstes PC-Spiel über eine sogenannte Cheftaste *(Boss-Key)*, die, beim plötzlichen Eintreten des Chefs ins Büro gedrückt, das Spiel auf Tastendruck vom Computermonitor verschwinden ließ und stattdessen ein vermeintliches Office-Programm auf den Bildschirm brachte.

38 Anfang der 80er-Jahre arbeiteten die Firmen Philips und Sony an der digitalen Speicherung von Musik und damit an einer digitalen Alternative zur Schallplatte. Sie entwickelten die Compact Disc, die 1981 erstmals auf der Berliner Funkausstellung der Öffentlichkeit präsentiert wurde. Im in der Region Hannover gelegenen Langenhagen wurde 1982 mit der weltweit ersten industriellen CD-Produktion begonnen. Ende desselben Jahres kamen auch die ersten seriell gefertigten CD-Player auf den Markt.

39 Ulf Merbold war fast in unmittelbarer Nachbarschaft des DDR-Astronauten Sigmund Jähn geboren worden, der 1978 an Bord der sowjetischen Sojus 31 der erste Deutsche im All war. Ulf Merbold, der 1960 nach Westdeutschland übergesiedelt ist, war der zweite deutsche, aber erste Astronaut der BRD, der im All war. Mit dem Spaceshuttle Columbia begab sich Merbold gemeinsam mit fünf anderen Astronauten am 28. November auf einen zehntägigen Weltraumflug, bei dem sie 166-mal die Erde umkreisten. Merbold war 1992 und 1994 erneut im All. Reinhard Furrer war 1985 der zweite Westdeutsche im All, Thomas Reiter war dort 1995 und 2006.

40 Eine bessere Werbekampagne hätte man gar nicht erdenken können: 1982 fiel Trio-Sänger Stephan Remmler der Mini-Synthesizer Casio VL-1 (VL-Tone) in die Hände, und er spielte darauf eine Melodie, die die Basis für den Welthit *Da da da* bilden sollte. Über die integrierte Aufzeichnungs- und Wiedergabefunktion konnte Remmler bei Liveauftritten die gespeicherte Tonfolge per Tastendruck abrufen. Bemerkenswert an dem von 1981 bis 1984 produzierten Mini-Synthesizer war nicht nur sein vergleichsweise geringer Preis von rund 150 DM, sondern auch die Tatsache, dass man ihn als Taschenrechner benutzen konnte.

Zeitzeichen

41 Wie hieß die amerikanische Raumfähre, die am 28. Januar 1986 kurz nach dem Start explodierte?
Endeavour
Columbia
Discovery
Challenger

42 Aus welchem Land stammt das Videospiel *Pac-Man*?
Großbritannien
USA
Deutschland
Japan

43 Was wurde nach dem Flugtagunglück von Ramstein in Deutschland eingeführt?
neue Brandschutzwesten
neue Infusionskanülen
neue Erste-Hilfe-Richtlinien
neue Feuerlöscher

44 Welche neuartige Videotechnik wurde 1981 auf der Berliner Funkausstellung präsentiert?
DVD
Laserdisk
Video 2000
Super VHS

41 Das Challenger-Unglück war die bis heute größte Raumfahrtkatastrophe in der Geschichte der Vereinigten Staaten. 73 Sekunden nach dem Start explodierte das Spaceshuttle in der Luft. Die Bilder von dem Unglück, bei dem alle sieben an Bord befindlichen Astronauten ums Leben kamen, gingen um die Welt. In der Folge wurde das Shuttle-Programm der NASA vorübergehend eingestellt. Erst im September 1988 wurde mit der Discovery wieder ein Spaceshuttle ins All geschickt.

42 Im Original hieß das Spiel, bei dem die Titelfigur durch ein Labyrinth eilt und Punkte vertilgen muss: *Puck Man*. Es wurde 1980 in Japan auf den Markt gebracht und erhielt seinen Namen von dem japanischen Ausdruck *paku paku*, was umgangssprachlich »Essen« bedeutet (ähnlich dem deutschen »happahappa«). Weil dem Lizenznehmer in den USA die Gefahr zu groß schien, dass seine jugendliche Zielgruppe auf den Spielautomaten den Originaltitel kurzerhand in *Fuck Man* abwandeln könnte, erhielt der kleine gelbe Nimmersatt den Namen *Pac-Man*, unter dem er es zu weltweiter Berühmtheit brachte.

43 Als bei einer Flugschau auf dem US-Fliegerhorst Ramstein am 28. August 1988 drei Militärflugzeuge kollidierten und eines davon brennend in die Zuschauermenge stürzte, starben 70 Menschen. Von den 345 Verletzten hätten viele schneller und besser versorgt werden können, wenn es nicht zu katastrophalen Pannen gekommen wäre. So passten die Infusionsnadeln deutscher Rettungskräfte nicht auf die Infusionen der Amerikaner und umgekehrt. In der Folge wurde deshalb in Deutschland das international genormte Luer-Lock-System eingeführt, das mit ausländischen Standards kompatibel ist.

44 Philips stellte 1981 auf der Berliner Funkausstellung neben der Audio-CD auch die Bildplatte oder Laservision genannte Laserdisk vor. Bei den 30 cm großen Silberscheiben handelte es sich zwar um ein optisches System, nicht jedoch um ein digitales. Das Videobild war analog, ebenso wie der Ton, der erst ab 1987 digital wurde. Das analoge Bild war dennoch brillant und dem VHS-System überlegen. Die Laserdisk war das erste Medium, auf dem Filmen zur Vermarktung spezielle Extras wie Audiokommentare, Trailer und weitere Informationen beigegeben wurden. Rund 1100 deutschsprachige Filme wurden bis zur Produktionseinstellung 1999 auf Laserdisk herausgebracht.

Zeitzeichen

45 **Wie hieß die russische Raumstation, die von 1986 bis 2001 um die Erde kreiste?**
Saljut
Sputnik
Mir
Sojus

46 **Mit welchem Flugzeug reiste Phil Collins am 13. Juli 1985, um innerhalb weniger Stunden bei den Live-Aid-Konzerten auf beiden Seiten des Atlantiks auftreten zu können?**
Douglas DC-8
Concorde
Air Force One
Tornado

47 **Wo wurde 1988 der längste Eisenbahntunnel der Welt eröffnet?**
Singapur
Schweiz
Japan
USA

48 **Welches deutsche Kernkraftwerk ging als Letztes ans Netz?**
Biblis
Neckarwestheim
Krümmel
Obrigheim

45 Anlässlich des 27. Parteitags der KPdSU wurde am 19. Februar 1986 das Basismodell der Mir ins All geschossen. Als damals größtes von Menschen in den Orbit verbrachtes Objekt bildete die Mir einen weiteren Erfolg der sowjetischen Raumfahrtforschung, die ja bereits mit dem Satelliten Sputnik und der ersten Entsendung eines Menschen ins All – Juri Gagarin im Jahr 1961 – Geschichte geschrieben hatte. Am 23. März 2001 wurde die Mir kontrolliert zum Absturz gebracht und verglühte größtenteils beim Wiedereintritt in die Erdatmosphäre. Kleinere Trümmerreste stürzten ins Meer.

46 Das französisch-britische Überschall-Verkehrsflugzeug Concorde bewältigte den Flug über den Atlantik in drei bis dreieinhalb Stunden. So konnte Collins nach seinem Auftritt in London nach New York fliegen und beim Parallelkonzert in Philadelphia ebenfalls mitwirken. Der Rekordflug einer Maschine dieses Typs fand am 7. Februar 1996 statt und legte die Strecke in 2 Stunden, 52 Minuten und 59 Sekunden zurück. Nach dem Concorde-Absturz vom 25. Juli 2000 zeichnete sich jedoch ein Ende der Rekordgeschichte ab. 2003 stellten Air France und British Airways den Linienflugbetrieb mit der Concorde ein.

47 Der Seikan-Tunnel verbindet die zwei japanischen Inseln Hokkaido und Honshu. Der insgesamt 53,9 Kilometer lange Tunnel verläuft auf 23,3 Kilometern unter dem Meer. Den Spitzenplatz als längster Eisenbahntunnel der Welt wird der Seikan-Tunnel vermutlich 2016 verlieren, wenn in der Schweiz der Gotthard-Basistunnel fertiggestellt ist, der sich zurzeit noch im Bau befindet. Seit 1999 baut man bereits an diesem Mammutprojekt, das die Konkurrenz mit zwei dann rund 57 Kilometer langen Tunnelröhren in den Schatten stellen wird.

48 Der Block 2 des Kernkraftwerks Neckarwestheim ging als letzter deutscher Atommeiler in Betrieb. Am 13. April 1989 wurde »GKN2« der Betreibergesellschaft übergeben, zwölfeinhalb Jahre nach Block 1. Das älteste deutsche Kraftwerk ist Obrigheim, das 1968 erstmals Strom ins Verbundnetz speiste. Es wurde im Rahmen des Ausstiegs aus der Kernenergie am 11. Mai 2005 abgeschaltet und soll bis 2023 vollständig abgebaut sein. Neckarwestheim 2 als jüngstes deutsches Pendant soll hingegen erst 2022 vom Netz genommen werden.

Bildnachweis

S. 6 Helmut Kohl bei seiner Vereidigung zum Bundeskanzler am 1. Oktober 1982 *picture-alliance / dpa*

S. 8 Erich Honecker (r.) und Michail Gorbatschow während einer Festveranstaltung im Oktober 1989 anlässlich des 40. Jahrestags der Gründung der DDR *picture-alliance / dpa*

S. 10, l. Rainer Trampert, der Vorstandssprecher der Grünen, 1985 *picture-alliance / dpa*

S. 10, M. Startbahn-West-Gegner im Oktober 1981 *picture-alliance / dpa*

S. 10, r. Papst Johannes Paul II. besucht den Türken Mehmet Ali Ağca, der einige Monate zuvor ein Attentat auf ihn verübt hatte, am 27. Dezember 1983 im Gefängnis. *picture-alliance / dpa*

S. 16/17 Innenminister Gerhart Baum (l.), Außenminister Hans-Dietrich Genscher (M.) und Bundeskanzler Helmut Schmidt (r.) nach einer mehrstündigen Debatte zur Polen-Politik im Bonner Bundestag am 14. Januar 1982 *picture-alliance / dpa*

S. 24/25 Joschka Fischer (r.) und Otto Schily beim Parteitag der Grünen in Karlsruhe am 3. Dezember 1988 *picture-alliance / dpa*

S. 30/31 Demonstration für mehr Demokratie und Reisefreiheit am 4. November 1989 in Ostberlin *picture-alliance / akg-images / Nelly Rau-Haering*

S. 37 Die erste deutsch-deutsche Sylvesterparty in Berlin nach dem Fall der Mauer am 9. November 1989 *picture-alliance / dpa*

S. 38 Szenenbild aus der TV-Serie *Die Schwarzwaldklinik picture-alliance / KPA Copyright*

S. 40, l. Blake Carrington (John Forsythe) würgt seine Ex-Ehefrau Alexis (Joan Collins) in der amerikanischen TV-Serie *Der Denver-Clan. picture-alliance / dpa*

S. 40, M. Don Johnson (l.) und Philip Michael Thomas, die Hauptdarsteller der erfolgreichen Krimiserie *Miami Vice,* 1986 *picture-alliance / dpa*

S. 40, r. Der ehemalige Fußballnationalspieler Günter Netzer in der am 23. Juli 1988 erstmals ausgestrahlten RTL-Bundesliga-Sendung *Anpfiff picture-alliance / dpa*

S. 46/47 Szenenbild aus der beliebten US-Erfolgsserie *Dallas picture-alliance / KPA Honorar & Belege*

S. 54/55 Das Popduo Modern Talking, Thomas Anders (l.) und Dieter Bohlen, erhält bei der 50. RTL-Löwenverleihung am 11. Oktober 1986 den Goldenen Löwen. *picture-alliance / dpa*

S. 62/63 Jane Fonda bei einer Aerobic-Vorstellung am 15. Dezember 1983 *picture-alliance / dpa*

S. 69 Familie Beimer aus der erfolgreichen TV-Serie *Lindenstraße,* 1985 *picture-alliance / dpa*

S. 70 Sean Connery als William von Baskerville in der Verfilmung von Umberto Ecos Roman *Der Name der Rose,* 1986 *picture-alliance / dpa*

S. 72, l. Nina Hagen, 1980 *picture-alliance / dpa*

S. 72, M. Andy Warhol und Keith Haring 1985 in New York *picture-alliance / dpa*

S. 72, r. Nena mit ihrer Band, 1984 *picture-alliance / dpa*

S. 80/81 Szenenbild aus dem Film *Das Boot,* 1981 *picture-alliance / KPA Copyright*

S. 86/87 Autor Michael Ende und die Hauptdarstellerin in der Verfilmung seines Romans *Momo*, Radost Bokel, während der Dreharbeiten in Rom, 1985 *picture-alliance / dpa*

S. 94/95 Dr. Bruno Dechamps, Herausgeber der FAZ, Johannes Gross, Herausgeber des Wirtschafts-Magazins Capital, und der Literatur-Kritiker Marcel Reich-Ranicki während einer Veranstaltung in Frankfurt am Main, 1986 *picture-alliance / dpa*

S. 101 Die von Ieoh Ming Pei entworfene Glaspyramide des Louvre, die dem Museum seit ihrer Eröffnung 1989 als Zentraleingang dient *picture-alliance / Bildagentur Huber*

S. 102 Die DDR-Eiskunstläuferin Katarina Witt freut sich über ihre Goldmedaille, die sie am 27. Februar 1988 bei den Olympischen Winterspielen in Calgary gewann. *picture-alliance / dpa*

S. 104, I. Der deutsche Schwimmer Michael Groß im Kampf um den ersten Platz in der Disziplin 100-m-Delphin bei den Olympischen Spielen 1984 in Los Angeles *picture-alliance / dpa*

S. 104, r. Torwart Toni Schumacher (l.) und Teamchef Franz Beckenbauer bei einem Training der deutschen Fußball-Nationalmannschaft für die Fußball-WM 1986 in Mexiko *picture-alliance / dpa / dpaweb*

S. 110/111 Boris Becker küsst den Pokal, den er am 7. Juli 1985 als erster Deutscher im Herren-Einzel von Wimbledon gewann. *picture-alliance / dpa*

S. 116/117 Der ehemalige Rennfahrer Enzo Ferrari im Gespräch mit dem kanadischen Formel-1-Piloten

Gilles Villeneuve, der am 8. Mai 1982 bei einem Trainingsunfall in Zolder ums Leben kam *picture-alliance / dpa*

S. 122/123 Der deutsche Mittelfeldspieler Lothar Matthäus (r.) stoppt seinen argentinischen Gegenspieler Diego Maradona bei einem Länderspiel in Buenos Aires am 24. März 1982. *picture-alliance / dpa*

S. 129 Steffi Graf triumphiert nach ihrem ersten Sieg bei den All England Championships in Wimbledon am 2. Juli 1988. *picture-alliance / dpa*

S. 130 Jungendliche spielen mit einem Commodore-Computer, 1984 *picture-alliance / dpa*

S. 132, I. Explosion der Raumfähre Challenger kurz nach ihrem Start am 28. Januar 1986 *picture-alliance / dpa*

S. 132, M. Mikroaufnahme mehrerer HI-Viren. *picture-alliance / OKAPIA KG, Germany*

S. 132, r. Frauenmode der 80er-Jahre *picture-alliance / dpa*

S. 138/139 Windräder entlang des Nordholland-Kanals im Dezember 1988 *picture-alliance / dpa*

S. 144/145 Der achtmillionste Golf im Wolfsburger VW-Werk am 30. Mai 1986 *picture-alliance / dpa*

S. 150/151 Ein CD-Lager im Jahr 1988 *picture-alliance / dpa*

S. 157 Punk-Pärchen der 80er-Jahre *picture-alliance / scanpix*

Wollen SIE noch mehr wissen?

Das Wissensquiz

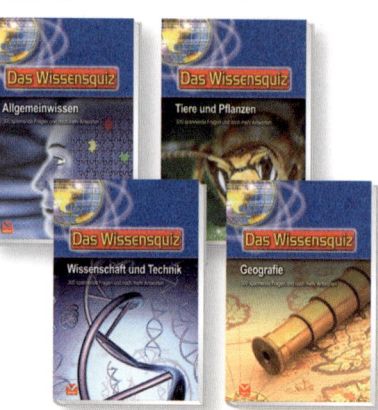

Allgemeinwissen
ISBN 978-3-927801-28-8

Tiere und Pflanzen
ISBN 978-3-927801-29-5

Wissenschaft und Technik
ISBN 978-3-927801-30-1

Geografie
ISBN 978-3-927801-31-8

Jeder Band:
160 Seiten, Broschur
durchgehend 4-farbig
Format 14,5 x 21,5 cm
€ 7,95/sfr 15,-

Unglaublich! Das Quiz

Verblüffende Tatsachen
rund um den Menschen
ISBN 978-3-927801-79-0

Verblüffende Tatsachen
aus der Welt der Tiere
ISBN 978-3-927801-78-3

Jeder Band:
160 Seiten, Broschur
durchgehend 4-farbig
Format 14,5 x 21,5 cm
€ 7,95/sfr 15,-

Der Jahrzehnte-Test

Die 70er-Jahre
ISBN 978-3-927801-39-4

Die 80er-Jahre
ISBN 978-3-927801-40-0

Jeder Band:
160 Seiten, Broschur
durchgehend 4-farbig
Format 15,0 x 17,0 cm
€ 7,95 /sfr 13,-

MOEWIG